# 苏格拉底赞歌

## ÉLOGE DE SOCRATE

[法]皮埃尔·阿多——著

曹丹红——译

西苑出版社
XIYUAN PUBLISHING HOUSE
·北京·

# 目　录

# 导 读

## I 作者其人

皮埃尔·阿多是法国当代著名哲学家、古代哲学史专家、语文学家。他于 1922 年 2 月 21 日出生于法国巴黎一个虔诚的天主教家庭。受家庭影响，在接受哲学和神学教育后，他于 1944 年成为神父，并被任命为大修院哲学教师。与此同时，他并没有中断在巴黎天主教学院和索邦大学的学习，并在索邦大学注册成为博士候选人，在雷蒙·巴耶（Raymond Bayer）的指导下对 4 世纪新柏拉图主义者，同时也是普罗提诺译者的维克托利努斯（Marius Victorinus）进行研究，并于 1968 年通过博士论文答辩。1952 年，阿多因故脱离圣职。1949 年至 1964 年，阿多任职于法国国家科研中心（CNRS）。1959 年，他在《批评》杂志发表论文，最先将维特根斯坦介绍至法国。1963年，他在伽利玛出版社出版《普罗提诺或目光的简朴》，引发读者广泛关注。1964年至1985年，阿多成为法国高等研究应用学院（EPHE）第五分部博士生导师。1982年，在米歇尔·福柯和保罗·韦纳的支持下，阿多入选法兰西公学院，担任“古希腊罗马思想史”讲席教授，在此任教至1990年，于1991年退休，成为法兰西公学院荣休教授。阿多一生成果丰硕，生前出版的著作包括《普罗提诺或目光的简朴》（1963）、《精神修炼与古代哲学》（1981）、《内心的堡垒》（1992）、《古代哲学的智慧》（1992）、《古代哲学研究》（1998）、《苏格拉底赞歌》（1999）、《作为生活方式的哲学》（2001）、《伊西斯的面纱》（2004）、《别忘记生活》（2008）等多部重要著作，其中《古代哲学的智慧》等六部作品已有中文版。1999年，阿多全部著作获法兰西学院哲学大奖。

作为古典哲学研究者，阿多翻译、编订了普罗提诺、马可·奥勒留、维克托利努斯、圣安博等哲学家与基督教神父的著作，撰写了《爱比克泰德评论》《波菲利评论》等多部古典哲学研究著作，在这一领域取得了诸多开创性成果。在研究过程中，阿多明确了自己的方法论，于他而言，古典哲学研究首先意味着从哲学概念与体系产生的原初语境出发考察此二者，从而更好地理解古代哲学意欲回答的问题；其次意味着揭示支撑哲学话语的精神修炼理性化过程[1]。这样的方法促使他将目光拓展至更广阔的领域，既包括古代神话中的象征性形象，也包括受古代哲学影响的近现代哲学代表人物。在对古典文本的阅读与阐释过程中，阿多逐渐意识到，“哲学论辩源于一种

1 参见 Michel Tardieu, « HADOT PIERRE - (1922-2010) », *Encyclopædia Universalis* [en ligne], consulté le 20 mai 2022. URL : https://www.universalis.fr/encyclopedie/pierre-hadot/。对于阿多思想中的关键概念 exercice spirituel，我们采用的是孙圣英在《别忘记生活》中的译文。张宪翻译的《古代哲学的智慧》将其译为“灵性修炼”，简称“灵修”。

生活选择和生存抉择——而不是相反”[1]，这里的“相反”指的是我们所熟悉的过程，即先提出概念、建构体系，再由此引申出一种道德学说，再将其应用于生活。但在阿多看来，古代哲学本身“尤其是一种生活方式，是那种与哲学论辩紧密相连的生活方式”[2]，是一种“精神修炼”，总而言之，是一种实践而非理论。这一认识促使阿多形成了自己独特的哲学观，也即将哲学学习视作某种改造自我的精神修炼过程，后者的具体任务在于：通过对自我的观察来学习如何生活，通过学习与他人的辩证对话来更好地认识自我，在自我的清醒与宁静中，学习如何死亡。[3]

阿多的哲学研究可以说更新了法国当代哲

1 阿多，《古代哲学的智慧》，张宪，译，上海译文出版社，2017 年，第 3 页。

2 阿多，《古代哲学的智慧》，第 4 页。

3 参见 Michel Tardieu, « HADOT PIERRE - (1922-2010) », *Encyclopædia Universalis* [en ligne], consulté le 20 mai 2022. URL : https://www.universalis.fr/encyclopedie/pierre-hadot/。

学研究的范式，对米歇尔·福柯、米歇尔·翁弗雷、吕克·费里等哲学家产生了重要影响。要完全理解这一转变的重要意义，我们还需置身于阿多独特的哲学观提出的语境，也就是20世纪60年代至70年代。长期以来，哲学研究的主要任务在于辨析概念、建构体系，正如阿多本人所言："从黑格尔到存在主义兴起，随后是结构主义的风行，观念论对整个大学哲学的支配，极大地滋养了这样的观念——只有是理论的和体系的，才一定是真正的哲学。"[1]哲学于是被理解为纯理论，与其起源时期的形态与功能相去甚远；而现代哲学家与他人无异，出了书斋和课堂就是普通人，尽管不免受其哲学思想影响，但哲学总的来说与生活没有直接关联。阿多想要改变的正是这一状态，他强调哲学首先是一种生活方式，学习哲学，就是通过长期的自我努力来改变自身生活方式的过程。不难想象，阿多的哲学观在提出之初所遭遇

1 阿多，《古代哲学的智慧》，第367页。

的来自大众的不解与来自哲学界的抵触。但时间已证明阿多的努力与坚持的意义，时至今日，对于阿多强调的哲学的实践性甚至实用性，我们已经比较容易接受，而当代社会日益艰难的生存环境也促使人们向哲学寻求生活智慧，近年来出现的幸福学、心灵疗愈等观念与实践都表明了哲学面向大众生活的意图。正是因此，阿多的哲学著作有广泛的读者群体，不仅被哲学家研究，也被普通读者喜爱，在他去世时，法国《世界报》发文，评价“他著作的影响力远远超越了博学者的圈子，其主要影响体现在目光的一种深刻转变中”，并肯定他“在很长一段时间内改变了我们看待哲学的方式本身”。[1]因他的研究与实践，阿多成为“生活艺术领域一位绕不过去的权威，他对斯多葛派和伊壁鸠鲁派的介绍，他对‘精神修炼’的兴趣令他成为一位特殊的哲学家，不是图书馆哲学家，

1 Roger-Pol Droit, « Pierre Hadot », https://www.lemonde.fr/disparitions/article/2010/04/27/pierre-hadot_1343322_3382.html.

而是人世生活哲学家，类似一位智者，邀请每个人根据自己的信念来生活”。[1]

## Ⅱ 苏格拉底赞歌

本书《苏格拉底赞歌》最先是作者1974年在爱诺思（Eranos）圆桌会议所做演讲的讲稿，原题为《苏格拉底的形象》。著作分为三章，分别为“西勒诺斯”“厄洛斯”“狄俄尼索斯”。阿多的用意很明显，他想通过与古希腊神话中三种独特的存在——林神、爱神和酒神的类比，来唱一支苏格拉底赞歌。

在“西勒诺斯”一章中，阿多将苏格拉底与西勒诺斯进行了比较。西勒诺斯严格来说并不是神，与萨蒂尔一样，这是一类半人半兽的生物，一些传说认为萨蒂尔和西勒诺斯指的是同一种生

---

1 Thierry Paquot, « Pierre Hadot (1922-2010) : la philosophie comme « art de vivre » », *Hermès, La Revue*, n°57, 2010, p. 187.

物，另一些传说认为这两者有所区别，萨蒂尔半人半羊，西勒诺斯半人半马。将苏格拉底比作西勒诺斯，首先想强调的是苏格拉底相貌的丑陋。但阿多很快指出，这只是表面的相似，二者更为重要的相似性在别处。在柏拉图《会饮篇》的结尾，亚西比德提到，西勒诺斯是一种盒子，用来装一些神像，苏格拉底同样如此，他将丑陋当作面具，来掩饰内心的真实想法。

然而丑陋如何作为面具？根据一种几乎可以说是“相由心生”的逻辑，外表的丑陋似乎经常被等同于内心的卑下，这正是一部分人对苏格拉底的看法。对于这种偏见，苏格拉底并不急着反驳，反而利用了它，将它当成传播哲学的最好武器。阿多将上述方法称为“苏格拉底式反讽”，并尝试对这一方法的意义进行揭示。苏格拉底假装与三教九流打成一片，假装平庸——他的名言正是“我知道我什么都不知道”，假装接受他人的观点，以混淆他人的视听，降低他人的戒心，然后通过也许是精心设计的对话，在一问一答之间，一步步将对话者带离甚至否定自己最初的立场，最后令他们惊恐地发现，自己原来一无所知、一无是处。对于具有反思能力的人来说，这一刻应是至福的时刻，它在摧毁固有观念的同时，令人重启对自我的思索，从而实现自我的改造与提升。这就是为什么苏格拉底将自己比作精神“助产士”，而阿多将这一辩证对话过程视为一种精神修炼，旨在召唤个体，“考虑你自己”，以成为更好的人。归根结底，“我知道自己什么都不知道”可能是一句肺腑之言，它体现出一种分裂的意识——自我与俯视这一自我的另一个自我，个体在这种反讽的姿态中认识到自我的不完美，个体意识由此觉醒，苏格拉底正是在知道自己什么都不知道时成为哲学家，克尔凯郭尔正是在知道自己不是基督徒时成为基督徒。此外，在深受维特根斯坦影响的阿多看来，“我知道自己什么都不知道”或许还意味着，于苏格拉底而言，知识和话语并非第一位的，更何况语言总是有其局限性，辩论与其说呈现了语言的功能，不如说暴露了语言的限度。在苍白的语言面前，行动的重要性得到凸显：苏格拉底虽然无法用语言来定义正义，却以自身的行动完美地呈现了它。

在“厄洛斯”一章中，阿多将苏格拉底与厄洛斯进行了比较。这里阿多同样独辟蹊径。借助《会饮篇》，阿多论证了苏格拉底与爱神厄洛斯形象的一致性，例如，在按照惯例本该赞颂爱神的宴会上，亚西比德却将苏格拉底赞颂了一番；再如，也在宴会上的苏格拉底自己没有赞颂爱神，而是向大家转述了从前与曼提尼亚女祭司狄奥提玛那的对话，狄奥提玛那跟他讲了爱神的诞生，她描绘的爱神肖像与亚西比德描绘的苏格拉底肖像之间存在很多共同之处，或者说柏拉图有意凸显了爱神与苏格拉底的相似性。这种相似性赋予苏格拉底形象以其他意义。狄奥提玛那在讲述爱神的诞生时曾提到，爱神的母亲是贫乏神，他从母亲那里继承了“贫穷”和“缺失”，但爱神也有他父亲资源神的一面，那就是“资源”“幸运”以及对美和善的追求。如果苏格拉底是厄洛斯，那么他也始终无法摆脱贫乏状态，然而始终不放弃对美与善的追求，比起物质生活的舒适，他更关心灵魂的自由。

但苏格拉底－厄洛斯形象在阿多看来有更为深层的含义。作为贫乏神和资源神的孩子，厄洛斯是半神，是代蒙（daimon），也就是介于神与人之间的存在，“既非神也非人，既不美也不丑，没有智慧，没有理智，不好也不坏”。“没有智慧，没有理智”，代蒙“代表了宇宙非理性的、无法解释的维度，类似一种自然的魔力”。将苏格拉底比作厄洛斯，就是削弱了哲学之中理性与理智的比重，增强了非理性与原始欲望的分量，阿多认为这是柏拉图的重要贡献，“通过创造苏格拉底－厄洛斯神话，他在哲学生活中引入了爱、欲望和非理性的维度”。一方面，我们确实看到爱在苏格拉底式辩论中的重要性，只有爱与信任才能令对话者与苏格拉底在每一步达成一致，促使对话进行下去。这一传统在西方哲学中延续下来，尼采、歌德、荷尔德林等人都谈论过“爱的教育”的重要性，例如，歌德曾说过，“我们只能从自己爱的人那里学到东西”。另一方面，厄洛斯维度令哲学家苏格拉底的形象更为复杂化，实际上，柏拉图笔下的苏格拉底确实不时表现得令人费解，在那些时刻，苏格拉底的行动与其说听命于理性，不如说仿佛受代蒙也就是魔力的控制，阿多甚至认为“如果说苏格拉底断言自己一无所知，那可能是因为他在行动中将自己交托给了自己的代蒙，并对对话者的代蒙充满信心”。

在“狄俄尼索斯”一章中，阿多从尼采对苏格拉底的古怪态度——阿多用了“爱恨交加”一词——出发，分析了苏格拉底形象中的狄俄尼索斯元素及其意义。阿多借助的还是《会饮篇》。他指出《会饮篇》似乎刻意在苏格拉底周围安置了一系列与酒神相关的形象：诗人的加冕，永远喝不醉的哲学家，酒神的跟班西勒诺斯与萨蒂尔，等等。一方面，突出苏格拉底与酒神的相似性，也就是对哲学家身上非理性与欲望的维度的再次强调。另一方面，通过对尼采论述的援引，这种相似性还获得了其他意义。在《悲剧的诞生》中，尼采写道，苏格拉底“在监狱中告诉朋友，经常有同一个梦中形象出现在他面前，始终对他说着同样的话：‘苏格拉底，从事音乐吧！’”[1]，苏格拉底最终“在监狱里勉强同意了从事他不尊重的那种音乐……在这样的思想态度中，他用诗写成一篇献给日神的序文，把几个伊索寓言改成了韵文”[2]。尽管《悲剧的诞生》似乎更多将苏格拉底描写成一个反狄俄尼索斯，是古希腊悲观主义以及悲剧走向终结的拐点，但阿多从这些句子中看到了尼采试图在苏格拉底与音乐也就是与酒神之间建立联系的努力，及其试图将苏格拉底也拉入悲观主义者行列的意图——这就是尼采面对苏格拉底的矛盾态度。既然尼采将古希腊悲观主义视为生命满溢的表现，那么将苏格拉底与酒神进行的类比也就再次肯定了苏格拉底对生命、

1 尼采，《悲剧的诞生》，杨恒达，译，南京：译林出版社，2007 年，第 87 页。

2 尼采，《悲剧的诞生》，第 88 页。

对生活的热爱。

总而言之，在不长的篇幅里，阿多主要借助柏拉图的《会饮篇》和尼采、克尔凯郭尔等苏格拉底主义者的言论，从一个独特的视角勾勒出苏格拉底的形象，逐渐突显了哲学家身上非理性甚至魔性的一面。这一形象是否与历史上的苏格拉底相吻合，如今已不得而知，但它起码是柏拉图笔下的苏格拉底形象，而非被哲学史改头换面的苏格拉底形象。有意思的是，阿多在出版时将书名从“苏格拉底的形象”改成了“苏格拉底赞歌”，我们是否可以认为，阿多通过此举令自己也置身于柏拉图的《会饮篇》中，在亚西比德之后，唱了一曲阿多式的苏格拉底赞歌？这赞歌中的苏格拉底不再是概念与体系的象征，而是追求真理、实践正义、热爱生活的鲜活的个体。假如我们联系 1974 年的哲学研究氛围，也许就能更好地体会到阿多所描绘的苏格拉底形象所带来的深刻转变及其启示。

## Ⅲ 哲学的智慧

上文提到，《苏格拉底赞歌》最初是阿多在爱诺思（Eranos）圆桌会议所做演讲的讲稿。爱诺思圆桌会议举办地位于瑞士的阿斯科纳，由荣格的朋友奥尔加·弗洛比-卡普特因（Olga Fröbe-Kapteyn）夫人创立于1933年，旨在为东西方思想交流创造平台。爱诺思圆桌会议每年有一个特定的主题，邀请相关领域专家参加。1974年会议的法语名称为“规范的未来与生成”，英语名称为“变动世界中的规范”，两相结合，或许能更好地理解阿多发言的主旨及其意义：以苏格拉底的形象为榜样，将这一形象所蕴含的品质当作变动世界中安身立命的规范。因此，《苏格拉底赞歌》歌颂的仍然是古代哲学的智慧，正如阿多某部著作中译名所体现的那样。[1]

1 《古代哲学的智慧》法语原文 Qu'est-ce que la philosophie antique?，直译应为“什么是古代哲学？”。

古代哲学的智慧对阿多来说可以凝练为两个至为重要的概念——“精神修炼”与“作为生活方式的哲学”。这两个概念既互为表里，也互为因果。哲学要成为生活方式，必须将精神修炼置于首要的位置；以精神修炼而非概念生成或体系建构为目标，哲学就能成为生活方式。那么，精神修炼如何进行？哲学又如何成为生活方式？阿多毕生的研究可以说都在尝试回答这两个问题。以《古代哲学的智慧》为例，阿多在其中将精神修炼等同于以下实践：“它们可以是物理学意义上的，如饮食养生；或者是推理方面的，如对话和沉思；或者是直观上的，如静观；但它们全都是着眼于做出这些践行的主体方面所实现的某种改变和转变。”[1]精神修炼根据不同的哲学派别体现为不同的形式：在柏拉图学园中，精神修炼表现为通过对话或冥思来平息灵魂的种种波动，在灾难面前保持平静，战胜对死亡的恐惧，

1 阿多，《古代哲学的智慧》，第7页。

以便触及纯粹理念，最终“升华至对某种超越的在场的体验”[1]。不仅学园成员之间进行的对话是一种精神修炼，柏拉图编撰的书面对话录也应从这个角度去理解：之所以采取对话录这种形式，是为了让读者产生身临其境之感，不知不觉沉浸其中，与说话人合二为一，与后者一道经历哲学论辩过程，在语言施为功能的作用下，同样地渴求并追求真理，经历同一种内心的拷问，促使灵魂被影响甚至被塑造，实现某种自身的转变。对斯多葛派来说，精神修炼的要旨是预见，也就是预先考虑到不好的结果，以便当这一结果来临时能更好地承受它；而对伊壁鸠鲁派来说，精神修炼就是通过学习哲学了解快乐的本质，学会用合理的方法追求快乐，而“哲学的使命……因此尤其是一种精神的治疗：哲人必须细心料理有病的灵魂，教导人如何体验快乐”[2]。

---

1 阿多，《古代哲学的智慧》，第 89 页。

2 阿多，《古代哲学的智慧》，第 154 页。

总而言之，“精神修炼，是旨在改造自我，令自我抵达更高层次、获得普遍视野的实践”[1]，“它能在实践这一修炼的主体身上引发某种存在与道德层面的转变”[2]。出于精神修炼的目的与功能，阿多并不反对将其等同于某种“完美主义”（perfectionnisme）[3]。

应该说，作为古典哲学研究者，阿多关注的主要是古代哲学及其智慧，但他既没有将视野局限于西方古代，也没有否认现代哲学的智慧。诚然，时代已然不同，如今已无从寻找柏拉图的学园、亚里士多德的吕克昂这样的共同生活场所，克尔凯郭尔、叔本华、尼采、维特根斯坦等现代哲学家更多代表的是孤独之人的形象。但阿多认为，这些现代哲学家“没有离开自己的环境和内

1 Pierre Hadot *et al*, « Qu'est-ce que l'éthique ? », *Cités*, n°5, 2001, p. 131.

2 Pierre Hadot, *L'enseignement des antiques, l'enseignement des modernes*, Editions Rue d'Ulm, 2010. Kindle.

3 Pierre Hadot *et al*, « Qu'est-ce que l'éthique ? », *Cités*, n°5, 2001, p.131.

心的需要，而是选择古代哲学的生活方式作为自己的榜样”[1]，也就是说，精神修炼的传统在西方始终延续着，从中世纪的基督徒到蒙田、沙夫茨伯里、歌德、爱默生、梭罗、伯格森……阿多甚至从歌德、尼采等人的思想与实践中，提炼出了类似“生活在当下”“俯视的目光”“对生命和世界说是”等哲学生活信条。[2]

这些信条并不局限于歌德的时代，它们其实在大多数社会中都适用，也是《苏格拉底赞歌》中苏格拉底的态度。归根到底，阿多关心的是哲学与生活的关系，他“尝试提出一种哲学态度，这一态度独立于一切特殊的哲学，也独立于一切宗教……或许也独立于一切理论”[3]。换言之，秉持这种态度的哲学实践超越了各种具体的哲学

1 阿多，《古代哲学的智慧》，第 391 页。

2 阿多，《别忘记生活：歌德与精神修炼的传统》，孙圣英，译，上海：华东师范大学出版社，2018 年。

3 Pierre Hadot *et al*, « Qu’est-ce que l’éthique ? », *Cités*, n°5, 2001, p.135.

流派与观念间的对立，例如，我们无须再去纠结哲学究竟是阿多所说的“生活方式”，还是德勒兹、瓜塔里所说的概念的创造，因为哲学“本质上是认识我们自己、我们在世界中的存在和我们与他人的存在。正如梅洛－庞蒂习惯说的那样，它也是‘重新学习如何看世界’和获得一种宇宙观的努力，由此，我们能够把自己放在他人的位置上，超越我们自己的偏见”[1]。如此一来，似乎并非哲学才能提出哲学态度、进行哲学实践，文学同样可以,上文列出的名单已证实了这一点。同样地，不仅西方哲学内部可以存在延续性，在东西方哲学之间也可能进行类比。阿多本人即注意到东西方哲学中存在的某种相似性：在研究斯多葛派哲学家马可·奥勒留的著作《内心的城堡》时，他指出某种泛化的斯多葛主义不仅出现在西方，也出现在中国，因为“一旦人开始寻找智慧，被我们称为斯多葛主义的态度就会成为人类永恒

1　阿多，《古代哲学的智慧》，第389-390页。

的、根本的可能性之一”[1]，因此，马可·奥勒留所关心的问题也频频出现于王夫之的言论中，即使这两位哲学家无论如何都不可能相遇。阿多思想之于普通读者的重要性由此显现，它鼓励我们去“哲学地”生活，也即时时反思与社会、与他人、与存在的关系，以这种反思的或者说苏格拉底式反讽的态度来指导生活，正如《古代哲学的智慧》提醒的那样：“我们千万别忘了，古代哲学生活总是与对他人的关心密切相关联，这种要求是哲学生活所固有的，尤其当它在当代世界存在时。”[2]

曹丹红

2022 年 5 月 20 日

1 Pierre Hadot, *La citadelle intérieure*, Fayard, 1992, p.330.
2 阿多，《古代哲学的智慧》，第 397 页。

# ÉLOGE DE SOCRATE

本书最初为作者 1974 年在阿斯科纳（瑞士）爱诺思圆桌会议所做演讲的讲稿，原题为《苏格拉底的形象》。该演讲稿同年发表于 *Annales d'Eranos* (Vol. 43, 51-90)，之后收录于 *Exercices spirituels et philosophie antique*, 3e édition revue et augmentée, Paris, Institut d'études augustiniennes, 1993。

（如无特别说明，本书脚注均为原注。——译注）

历史上的苏格拉底到底是什么样的人？要回答这个问题非常困难，甚至是不可能的，尽管苏格拉底生平的重要事件都已被证实。但是，与他同时代的人，如柏拉图、色诺芬、阿里斯托芬等留给我们的证词改变、理想化或歪曲了公元前5世纪生活于雅典的苏格拉底的形象[1]。我们能找回并重构真实的苏格拉底吗？不过我想说的是，从某种意义上说，这无关宏旨！因为在我们西方传统中，甚至在当代思想源头处起作用的，正是苏格拉底的理想形象，也就是柏拉图在《会饮篇》中勾勒的形象，也就是两位著名的苏格拉底主义

1　有关历史人物苏格拉底这一问题，参见 O. Gigon, *Sokrates, sein Bild in Dichtung und Geschichte*, Berne, Francke, 1945; A. Patzer (éd.), *Der historische Sokrates*, Darmstadt, 1987。在海量文献中，我们尤其要指出两部介绍苏格拉底的珍贵导论：A. J. Festugière, *Socrate*, Paris, Flammarion, 1934; M. Sauvage, *Socrate et la conscience de l'homme*, Paris, Seuil, 1970。

者——克尔凯郭尔[1]和尼采[2]所看到的形象。

---

1 关于克尔凯郭尔和苏格拉底，参见 J. Himmelstrup, *Sören Kierkegaards Sokrates-Auffassung*, Neumünster, K. Wachholz, 1927; J.Wild, *Kierkegaard and Classic Philology* dans *Philosophical Review*, t. 49,1940, pp. 536-537 ; J. Wahl, *Études kierkegaardiennes*, Paris, F. Aubier, 1938 ; E. Pivcevic, *Ironie als Daseinsform bei Sören Kierkegaard*, Gütersloh, Mohn, 1960 ; T. Bohlin, *Sören Kierkegaard, L'homme et l'œuvre*, trad. fr. de P. H.Tisseau, Bazoges en Pareds (Vendée), 1941。

2 关于尼采和苏格拉底，参见 E. Bertram, *Nietzsche. Versuch einer Mythologie*, 9ᵉ éd., Bonn, 1985 (trad. fr. R. Pitrou, *Nietzsche, Essai de mythologie*, Paris, 1932, 2ᵉ éd., Paris, Le Félin, 1991) ; H. Hasse, *Das Problem des Sokrates bei F. Nietzsche*, Leipzig, 1918; K. Hildebrandt, *Nietzsches Wettkampf mit Sokrates und Platon*, Dresden, 1922; E. Sandvoss, *Sokrates und Nietzsche*, Leiden, 1966; H. J. Schmidt, *Nietzsche und Sokrates*, Meisenheim, 1969。有关苏格拉底形象在西方的广泛辐射影响，可参见论文集 H. Spiegelberg, *The Socratic Enigma*, The Library of Liberal Arts, 1964。有关 18 世纪与 19 世纪的苏格拉底研究，可参见 B. Böhm, *Sokrates im achtzehnten Jahrhundert. Studien zum Werdegang des modernen Persönlichkeitsbewusstseins*, Leipzig, 1929; H.-G. Seebeck, *Das Sokratesbild vom 19. Jahrhundert*, Göttingen, 1947。

# I

# 西勒诺斯

通常而言，赞颂某人，就是一一列举此人所有令人敬仰的品质，就是勾画一种在任何领域都已臻完美的和谐形象。然而，当这个人是苏格拉底时，情况便有所不同，哪怕我们面对的是柏拉图和色诺芬创造出来的理想的苏格拉底。这就是苏格拉底悖论：初见苏格拉底的人会立即觉得他的形象令人困惑、模棱两可、使人不安。这一形象为我们保留的第一个冲击，便是外貌的丑陋，柏拉图、色诺芬与阿里斯托芬都证实了这一点。[1]“苏格拉底是第一个长相丑陋的古希腊名

---

1 柏拉图，《会饮篇》，215 b-c；色诺芬，《会饮》，IV, 19 et V, 7；阿里斯托芬，《云》，362（苏格拉底斜视），可与柏拉图《斐多篇》117 b 的内容进行比较。（根据法译文译出，读者可通过古希腊文本页码或段落标记查找中译文。本书引用的很多著作已有中译本，但为保证行文连贯性，书中引文大多由译者自行翻译。为读者查阅之便，译者也尽可能在脚注中提供了中译本信息。以下不再另外说明。——译注）

人，这件事意味深长。”尼采说道[1]，“在他身上，一切都是夸张的，滑稽演员，漫画……”[2]尼采还提到“他的鳌虾眼、厚嘴唇、大肚腩”[3]。他热衷于讲一个逸闻，据说面相学家佐庇鲁斯曾对苏格拉底说，他是一个妖怪，身上藏着最不堪的恶习和最骇人的欲望，苏格拉底听后只回答了

---

1 Nietzsche, *Socrate et la tragédie* (trad. fr. G. Bianquis, dans Nietzsche, *La Naissance de la tragédie*, Paris, NRF, Idées, 1949, p.213).

2 Nietzsche, *Le Crépuscule des idoles. Le Problème de Socrate*, 3-4 (trad. fr. J.-Cl. Hémery, dans Friedrich Nietzsche, *Œuvres philosophiques complètes*, Le *Cas Wagner*, *Crépuscule des idoles*..., §4, Paris, NRF, 1974, p. 71).（中文版可参见尼采，《偶像的黄昏》，卫茂平，译，上海：华东师范大学出版社，2007 年，第 47 页。——译注）

3 Nietzsche, *Socrate et la tragédie* (trad. fr. G. Bianquis), p.212.

一句："你可真懂我。"[1]柏拉图《会饮篇》中的苏格拉底像西勒诺斯[2]，很容易遭来各种怀疑。西勒诺斯和萨蒂尔是民间流行的混种魔鬼形象，半人半兽，是狄俄尼索斯的追随者。他们鲜廉寡耻、滑稽可笑、淫荡好色，组成了羊人剧的歌队。关于羊人剧这种文学类型，欧里庇得斯的《独目巨人》（*Cyclope*）是流传至今的少数几部代表作之一。因此，西勒诺斯代表着纯粹的自然界生灵，代表着对文化与文明的否定，代表着粗俗滑

---

1 Nietzsche, *Le Crépuscule des idoles. Le Problème de Socrate*, §3 (trad. NRF, t. III, p. 71).（中文版可参见尼采，《偶像的黄昏》，卫茂平，译，上海：华东师范大学出版社，2007 年，第 46 页。——译注）。关于这段历史，参见 Cicéron, *De fato*, V. 10 ; *Tusculan. Disput.*, 10, 37, 80 ; Alexandre d'Aphrodise, *De fato*, p. 171, 11 Bruns。根据佐庇鲁斯，苏格拉底可能是一个既愚蠢又迟钝的人，因为他锁骨处没有窝。这个形象可见于 C. G. Carus 对"维奥蒂亚人"的描绘，*Symbolik der menschlichen Gestalt*, 1858 (rééd. Hildesheim-Darmstatdt, 1962), p.266。

2 柏拉图，《会饮篇》，215 b-c；色诺芬，《会饮》，IV, 19 et V, 7；阿里斯托芬，《云》，362（苏格拉底斜视），可与柏拉图的《斐多篇》117 b。

稽，代表着本能的释放[1]。克尔凯郭尔曾说过：苏格拉底是一个山怪[2]。

的确，西勒诺斯的形象只是外表，这一外表掩盖了其他东西，柏拉图这样暗示我们。在《会饮篇》结尾的著名赞歌中[3]，亚西比德将苏格拉底比作雕像铺子里的西勒诺斯雕像，后者是一些用来装小神像的盒子。因此，尽管苏格拉底的外貌近似野兽，丑陋滑稽、恬不知耻，但这只是外表，只是面具。

这促使我们面对一个新的悖论：丑陋之后

1 尼采在《悲剧的诞生》第八章中多次坚持将西勒诺斯和萨蒂尔形象中的智慧与原始本能结合起来。我们应当将这一主题与荣格的观点进行对比，荣格认为智慧与滑稽并存于精灵身上（C. G. Jung, *Von den Wurzeln des Bewusstseins*, Zürich, 1954, p.42）。见下注。

2 Kierkegaard, *Le Concept d'ironie, dans Œuvres complètes* (以下简写为 OC), Paris, Éditions de l'Orante, t. II, p. 11.（中文版可参见克尔凯郭尔，《论反讽概念》，汤晨溪，译，北京：中国社会科学出版社，2005 年。与“山怪”对应的可能是中文版第 6 页上的“戴隐身帽的小妖精”。——译注）

3 柏拉图，《会饮篇》，215b。

是隐藏。尼采说："一切在他身上是深藏的，隐晦的，秘密的。"[1] 苏格拉底给自己戴上了面具，同时成为别人的面具。

苏格拉底给自己戴上了面具：这是著名的苏格拉底式反讽，这种反讽的意义有待我们揭示。苏格拉底假装自己既无知又无耻，亚西比德说："他成日在别人面前装天真、扮小孩"[2]，"包裹着他话语的词语和句子就像厚颜无耻的萨蒂尔的那张皮"[3]。他那深情款款的殷勤，他那无知的神态，"都是他包裹自己的外壳，就像西勒诺斯雕像一样"[4]。苏格拉底的伪装那么成功，以致他最终向历史隐藏了自己的真正面目。他什么都没有写，仅满足于与人交谈，我们拥有的关于

1 Nietzsche, *Le Crépuscule des idoles. Le Problème de Socrate*, §4(trad. NRF, t. III, p. 71).（中文版可参见尼采，《偶像的黄昏》，第 47 页。译文略有改动。——译注）

2 柏拉图，《会饮篇》，216e。法译文出自巴黎"Les Belles Lettres"文丛出版的柏拉图文集，译文有时会略作调整。

3 《会饮篇》，221e。

4 《会饮篇》，216d。

他的所有证词与其说揭示了他,不如说遮盖了他,恰恰因为苏格拉底一直以来都充当着谈论他的人的面具。

因为自己也戴着面具,所以苏格拉底成为需要隐藏在他身后的人的面具,prosopon[1]。他同时给予他们两样东西:戴上面具的念头以及将苏格拉底式反讽当作面具的念头。这里存在一个格外复杂的现象,牵涉文学、教育学、心理学等因素。

这一现象的原初核心是苏格拉底式反讽本身。作为永恒的追问者,苏格拉底通过灵活的问答迫使对话者承认自己的无知。他由此令他们的内心充满困惑,甚至可能促动他们去质疑自己的整个人生。苏格拉底死后,对苏格拉底式对话的记忆启发了某种文学类型——苏格拉底式对话(logoi sokratikoi)[2]的诞生,这一文学类型模仿的是苏格拉底曾与形形色色的对话者进行过

1 古希腊语,有形象、面具、角色等义。——译注
2 古希腊语,即苏格拉底式对话。——译注

的口头讨论。在 logoi sokratikoi 中，苏格拉底成为一个 prosopon，也就是一位对话者，一个人物，也就是一个面具，如果我们还记得戏剧中的 prosopon 为何物。苏格拉底式对话，尤其是通过柏拉图赋予它的灵巧、精致的形式，会在读者心中引发某种反应，类似苏格拉底在世时的言论产生的效果。读者发现自己也身处苏格拉底的对话者的境地，不知道苏格拉底的问题会将他引向何方。苏格拉底的面具，prosopon，既令人困惑又难以捉摸，它搅动读者的灵魂，令其产生某种意识，甚至可能导致哲学上的改宗。正如盖瑟尔（K. Gaiser）指出的那样[1]，读者也受邀逃至苏格拉底的面具之后。在柏拉图所写的几乎所有对话中，都存在一个危机时刻，对话者在这一刻感到气馁，他们不相信对话还能继续下去，对话时刻有中断的危险。于是苏格拉底介入，他接手他

1 K. Gaiser, *Protreptik und Paränese bei Platon. Untersuchungen zur Form des platonischen Dialogs*, Stuttgart, 1959, p.26, 149 sq. et 197.

人的困惑、疑问、焦虑，以及辩证冒险的全部风险；他由此颠倒了角色。如果失败，那么一切都将是他的责任。他因此向对话者呈现了他们自身的自我投射；对话者因此能够将自己的困惑转移给苏格拉底，并在辩证的追寻、在逻各斯（logos）中重拾信心。

我们还需要补充一点：在柏拉图所写的对话录中，苏格拉底充当了柏拉图的面具，尼采会说充当了“符号”[1]。弗里德兰德（P. Friedländer）[2]曾犀利地指出，第一人称“我”很早以前就已出现在古希腊文学中，赫西俄德、色诺芬尼、巴门尼德、恩培多克勒、智术师们、色诺芬等人就不吝用第一人称进行言说，但柏拉图在其对话录中却完全隐身于苏格拉底之后，执拗地避免对“我”的使用。这里存在一种极

1 Nietzsche, *Ecce. Homo, Les "Inactuelles"*, §3(trad. NRF, t. VIII, p. 294).（中文版可参见尼采，《瞧，这个人》，孙周兴，译，北京：商务印书馆，2016年，第88页。——译注）

2 P. Friedländer, *Plato*, vol. 1, New York, 1958, p.126.

其微妙的关系，而我们无法完全领会其中的所有意味。我们是否应该像盖瑟尔和克莱默（H. J. Krämer）[1]那样，认为柏拉图很谨慎地区分了两类教学？一类是他自己的教学，口传密授，仅面向学园成员，另一类是书面的对话，在这些对话中，他借用苏格拉底这个面具，鼓励读者学习哲学。还是说，我们应该承认，柏拉图利用苏格拉底的形象，带着一点距离感与反讽意味来推广他自己的学说？无论何种情况，这一初始的情境深刻地影响了西方意识，当思想家意识到——并为之惊恐——自己所带来的彻底更新，他们也开始

1 K. Gaiser, *Platons ungeschriebene Lehre. Studien zur systematischen und geschichtlichen Begründung der Wissenschaften in der Platonischen Sule*, Stuttgart, 1963 (2ᵉ éd. 1968). H. J. Krämer, *Arete bei Platon und Aristoteles. Zum Wesen und zur Geschichte der platonischen Ontologie*, Heidelberg, 1959 (2ᵉ éd. Amsterdam 1967). 有关这一问题的历史与现状，参见 *Das Problem der ungeschriebenen Lehre Platons, herausgeg. von Jürgen Wippern*, Darmstadt (Wege der Forschung, t. 186), 1972。或参见 M.-D. Richard, *L'Enseignement oral de Platon*, Paris,1986。

使用面具，并首选苏格拉底的反讽式面具来面对他们的同时代人。

18世纪，哈曼（J. G. Hamann）在《纪念苏格拉底》（*Sokratische Denkwürdigkeiten*）中赞颂苏格拉底时说：mimice[1]，也就是说，他自己也借用了苏格拉底——被这位18世纪的哲学家认为是纯粹理性主义者[2]——的面具，让人隐约瞥见这面具之后隐藏着的基督那张先知的面孔。这一做法在哈曼那里不过是便宜之策，到了克尔凯郭尔这里却成为一种事关存在的基本态度，它首先体现在克尔凯郭尔的笔名上。我们知道克尔凯郭尔的大部分作品都是以笔名出版的：维克多·埃尔米塔（Victor Eremita）、约翰内斯·克利马科斯（Johannes Climacus），等等。这并不

1 J. G. Hamann, *Sokratische Denkwürdigkeiten*（=*Mémorables socratiques*），erklärt von F. Blanke, Gütersloh, 1959, p.74.

2 关于这一点，参见 B. Böhm, *Sokrates im achtzehnten Jahrhundert. Studien zum Werdegang des modernen Persönlichkeitsbewusstseins*, Leipzig, 1929。

是出版商的手段；这些笔名分别与“美学”“伦理学”“宗教”这几个层面相关。作者被认为置身于这几个层面，他先以美学家的身份，再以道德说教者的身份谈论基督教，好让其同时代人意识到他们自身并非基督徒。“他用艺术家和信仰不坚定的道德说教者的面具掩饰自己，来谈论自己最深刻的信仰。”[1]克尔凯郭尔对这一方法的苏格拉底色彩深有认识：“从我的全部作品来看，美学创造是一种造假行为，以笔名写作的作品由此拥有了深刻意义。造假！多么丑陋！对此我的回答是，不要被词语诓骗。我们可以以真实为目的欺骗一个人，用老苏格拉底的话来说，欺骗别人以便将他带向真实。当此人受幻觉所害时，这甚至是唯一的办法。”[2]这里说的办法是指让读者认识到自己的错误，但不是通过直接否定这一

1 J. Wahl, *Études kierkegaardiennes*, p.282.

2 S. Kierkegaard, *Point de vue explicatif de mon œuvre*, trad. fr. de P. H. Tisseau, Bazoges en Pareds, 1940, p. 35 et cf. OC, t. XVI, p.28.

错误，而是以某种方式暴露错误，令它的荒诞之处清晰地显现出来。这完全是苏格拉底式的。与此同时，克尔凯郭尔通过笔名让寄居在他身上的所有人物开口说话。他由此客观地表达了自己的不同自我，但并不承认任何一个是他本人，正如苏格拉底通过灵活的问题令对话者的自我得到客观表达，却并不认同谁的观点。克尔凯郭尔写道："抑郁症导致我在很多年里无法对自己说'你'。在抑郁症与这个'你'之间存在着一整个幻想世界。我用笔名消耗了这个世界的一部分。"[1]但克尔凯郭尔并不满足于藏身笔名之后。他真正的面具是苏格拉底式反讽本身，是苏格拉底本身："哦，苏格拉底！……你的冒险也是我的冒险。""我孤身一人。我唯一的同类是苏格拉底。我的任务是一项苏格拉底式任务。"[2]

---

1 Cité par J. Wahl, *Études kierkegaardiennes*, p.52, cf. K. Ferlov et J. J. Gâteau, S. Kierkegaard, *Journal* (Extraits), Paris, 1963, t. II, p.97.

2 S. Kierkegaard, *L'Instant* § 10, trad.Tisseau, pp.174-176, et cf. OC, t.XIX, pp. 300-301.

克尔凯郭尔称这一苏格拉底式方法为间接交流法[1]。我们在尼采的著作中也看到了这种方法。在尼采看来，这是伟大的教育家会采取的方法："一个教育者永远不会说出他的想法，他所说的永远是并且只是他对事物之于受教育者的用途的想法。这种隐藏不应该被人猜到。"[2]这一方法的合理性被教育者任务的超验性所证实："所有深邃的思想都需要一个面具；不仅如此，一切深邃的思想周围会不断地形成一个面具，因为对其话语、对其行动、对其所有生命迹象的阐释永远是错误的，也就是说是平淡的。"[3]这一面具理论依据的模型是苏格拉底－西勒诺斯面

---

1 关于间接交流法，参见 J. Wahl, *Études kierkegaardiennes*, pp.281-288, p.684（论尼采著作中的面具理论）。

2 Cité par E. Bertram, *Nietzsche*, trad. Pitrou, p.408 = *Fragments posthumes* (cité FP dans les notes suivantes), juin-juillet 1885, 37 [7], trad. NRF, t. XI, p.314.

3 Nietzsche, *Par-delà bien et mal*, § 40, trad. G. Bianquis, (coll. 10-18), p.66, et cf. trad. NRF, t.VII, p.57. （中文版可参见尼采，《善恶的彼岸》，赵千帆，译，北京：商务印书馆，2015 年，第 66 页。——译注）

具，尼采在生命最后阶段撰写且未出版的文稿中写道："我认为，这就是苏格拉底魔鬼般的魅力。他有一个灵魂，但这个灵魂后还有另一个灵魂，后面还有第三个灵魂。在第一个灵魂中的是正睡觉的色诺芬，在第二个灵魂中的是柏拉图，在第三个灵魂中的还是柏拉图，但这是一个有着第二灵魂的柏拉图。柏拉图本人也是一个充满后室－洞穴与外墙的人。"[1]正如克尔凯郭尔所言，尼采著作中也有一种教育的迫切渴望，同时还有一种心理学需求："有一些人"（尼采本人也是其中之一），"他们只希望别人看到他们被半遮半掩的样子。这其中有很多智慧"。[2]因此，正如他自己在《瞧，这个人》中承认的那样[3]，在写《不

1 Cité par E. Bertram, *Nietzsche*, trad. Pitrou, p.408 = *Fragments posthumes* ( 以下简写为 FP), juin-juillet 1885, 37 [7], trad. NRF, t. XI, p.314.

2 Cité par E. Bertram, *Nietzsche*, trad. Pitrou, p.234 = *Aurore*, IV, § 421, trad. NRF, t. IV, p.226.

3 Nietzsche, *Ecce Homo*, *Les "Inactuelles"*, § 3, trad. NRF, t.VIII, pp.294-295.（中文版可参见尼采,《瞧，这个人》，孙周兴，译，第 88-89 页。——译注）

合时宜的沉思》时，尼采戴上了他的老师叔本华和瓦格纳的面具，就像柏拉图——他写道——把苏格拉底当作一个符号。这里确实存在一种关系，类似苏格拉底与柏拉图的关系：尼采谈论理想的瓦格纳，谈论理想的叔本华，他们不是别人，正是尼采本人。贝特拉姆（E. Bertram）说得很对[1]，尼采的其中一个面具正是苏格拉底本人，他带着同一种爱恨交织的心情追逐苏格拉底，反对他自己，苏格拉底——他说——“离他那么近，使他必须几乎每时每刻都同他抗争”[2]。尼采厌恶苏格拉底身上的那个尼采，因为他消解了神话，用对善与恶的认知取代了诸神，将精神带至人性的、太人性的事物；他热爱，甚至嫉妒苏格拉底身上那个他想成为的人：诱惑者、教育者、灵魂的导师。我们之后会再谈到这种爱恨交织的情感。

---

1 E. Bertram, *Nietzsche*, trad. Pitrou, p. 235. 有关尼采面具理论的整个章节都值得阅读。

2 Cité par E. Bertram, *Nietzsche*, trad. Pitrou, p. 385 = FP, été 1875, 6, [3], trad. NRF, t. II, 2, p. 335.

苏格拉底面具是反讽的面具。假如我们细读柏拉图[1]、亚里士多德[2]或泰奥弗拉斯托斯[3]的著作，尤其是其中出现 eironeia[4] 的章节，我们可以从中推断，反讽是一种心理学态度，个体通过采取这一态度，试图表现得不如他的实际情况：他做出了自我贬低。在话语使用与话语艺术中，这种心态体现为某种倾向：假装承认对话者有理，假装采取对手的观点。eironeia 这一修辞格因此在于使用或发表听众通常期待从对手嘴里说出的词语或观点[5]。苏格拉底式反讽正是这样呈现的，西塞罗告诉我们，“苏格拉底在贬低自我的同时，向他想反驳的对话者做出了过多的让步。他心口

1 柏拉图，《理想国》，337a；《会饮篇》，215e5；《申辩篇》，38a1。

2 亚里士多德，《尼各马可伦理学》，1108a22；1127a22。

3 Théophraste, *Caractères*, § 1.

4 古希腊语，意即反讽、隐藏、假装无知。——译注

5 Cf. H. Lausberg, *Handbuch der literarischen Rhetorik*, Munich, 1960, §§ 582 et 902. 我们可以在这些章节中看到所有文献。一个使用反讽修辞的绝佳例子是孟德斯鸠的黑奴制颂歌，参见《论法的精神》第十五章第五节。

不一，惯于运用希腊人叫作‘反讽’的隐藏手段，并以此为乐”[1]。因此，这里涉及一种伪装的自我贬低，其做法首先在于表现得让人以为自己是一个非常普通、非常肤浅的人。正如亚西比德在赞颂苏格拉底时说的那样，“他的话语像极了那些半开半合的西勒诺斯。如果有人愿意听他们讲话，初听之下，可能会觉得他们可笑至极……他跟我们讲笨伯，讲铁匠，讲鞋匠，讲皮革匠，似乎永远在老调重弹，天底下没有哪个愚人或蠢人不把他的话当笑料的”[2]。主题平庸，对话者也平庸！他在市集、角斗场、工匠作坊、店铺里寻找并找到了他的听众。这是个生活在大街上的人。“平庸，”尼采说，“是高级的精神能够戴上的

1 Cicéron, *Lucullus*, 15 ; Brutus, 292-300.

2 柏拉图，《会饮篇》，221e。

最幸运的面具”。[1]

苏格拉底讲话、讨论，但拒绝被视为老师。“别人来找他，”爱比克泰德（Épictète）说，“请他将他们引荐给其他哲学家，他总是很乐意效劳，坦然接受自己不被注目的事实。”[2]如果说苏格拉底拒绝被当成老师——这里我们触及了苏格拉底式反讽的核心——如果说他拒绝教学，那是因为他没什么可说，没什么可传授给别人的。理由很简单，他一无所知，正如他不断宣称的那样。因为没什么可说，没什么观点要捍卫，苏格拉底只能提问，同时拒绝给出答案。“这就是你一贯的 eironeia，”色拉叙马霍斯（Thrasymachus）在《理想国》第一卷中这样喊道，“我早就知道，

---

1 Nietzsche, *Humain, trop humain. Le Voyageur et son ombre*, §175 (trad. NRF, t. III, 2, p.231).（中文版可参见尼采，《人性的，太人性的》（下卷），魏育青、李晶浩、高天忻，译，上海：华东师范大学出版社，2008 年，第 694 页。——译注）

2 Épictète, *Manuel*, § 46. Cf. F. *Schweingruber, Sokrates und Epiktet*, dans Hermes, t. 78, 1943, pp. 52-79.

我早就说过，你拒绝回答问题，你总有脱身之计。”[1]亚里士多德对这种情形有更为清晰的描述：“苏格拉底永远扮演提问者的角色，自己从不回答，因为他承认自己一无所知。”[2]

很显然，我们无法确切知道苏格拉底与雅典人之间的讨论是如何进行的。柏拉图的对话录，哪怕其中最吻合“苏格拉底”形象的，也都只是一种受到双重弱化的模仿。首先，对话录是书面的而非口头的，黑格尔就曾指出，“在书面的对话中，回答完全处于作者的控制之下，而在现实生活中找到如此回答问题的人，那又是另一回事”。[3]另外，在柏拉图所写的对话录中，我们可以在文学虚构的魅力之下，辨认出柏拉图学

1 柏拉图，《理想国》，337 a（《高尔吉亚篇》，489 e；《泰阿泰德篇》，150 c）。

2 亚里士多德，《辩谬篇》，183 b 8。

3 G. W. F. Hegel, *Leçons sur l'histoire de la philosophie*, trad. P. Garniron, t. 2, p.291. 在黑格尔的这部著作中，有关苏格拉底的部分写得非常深刻，里面渗透了浪漫主义反讽的重要问题。

园学业训练的痕迹。亚里士多德在《论题篇》（*Topiques*）中制定了这些辩论规则[1]。在这些辩论训练中，提问者和回答者扮演着非常明确的角色，而这一精神剑术的规则也得到了严格的界定。我们无须去柏拉图记录的讨论中寻找历史上的苏格拉底，而是应该从中提炼出传统所熟悉的苏格拉底式反讽的意义，及其所对应的意识运动。

阿佩尔特（Otto Apelt）[2]准确地归纳了苏格

---

1 P. Moraux, *La Joute dialectique d'après le huitième livre des Topiques*, dans *Aristotle on Dialectic, Proceedings of the third Symposium Aristotelicum*, Oxford, 1968, pp.277-311. 有关这些辩论的哲学意义，参见 E. Weil, "La Place de la logique dans la pensée aristotélicienne", dans *Revue de Métaphysique et de Morale*, t. 56, 1951, pp.283-315，也可参见 E. Hambruch, "Logische Regeln der Platonischen Schule in der Aristotelischen Topik", dans *Wissenschaftliche Beilage zum Jahresbericht des Askanischen Gymnasiums zu Berlin,* Berlin, 1904。

2 O. Apelt, *Platonische Aufsätze*, Berlin, 1912, pp.96-108. 有关苏格拉底式反讽，可以参考一部非常重要的著作 M. Landmann, *Elenktik und Maieutik*, Bonn, 1950，以及 R. Schaerer 的出色文章 "Le Mécanisme de l'ironie dans ses rapports avec la dialectique", dans *Revue de Métaphysique et de Morale*, t.49, 1941, p.181 sq。有关反讽，参见 V. Jankélévitch, *L'Ironie*, Paris, 1964。

拉底式反讽机制的特征：裂变与加倍（Spaltung und Verdoppelung），苏格拉底一分为二，将对手“劈”成两半。苏格拉底一分为二：一个是提前知道讨论会如何结束的苏格拉底，另一个是开路的苏格拉底，与他的对话者一起走完整条辩证的道路。对话者不知道苏格拉底要将他带向何处。这就是反讽。与对话者共同前进的苏格拉底不断要求对话者完全赞同他。他从这位对话者的立场出发，让后者渐渐接受了这一立场带来的全部结果。对话者的赞同建立于理智话语即逻各斯[1]的理性要求之上，由于每时每刻都要求获得赞同，苏格拉底客观化了共同的行动，并迫使对话者承认，自己最初的立场是自相矛盾的。一般而言，苏格拉底会选择对话者熟悉的活动作为讨论的主题，并试图与对话者一起定义这一活动需要的实践知识，例如，将军必须懂得英勇地作战，巫师

1　苏格拉底与其对话者共有的逻各斯在柏拉图的《普罗泰戈拉篇》361a 中有拟人化呈现。

必须懂得虔诚地对待神灵。结果是，在道路的尽头，将军已不懂什么是勇气，巫师已不懂什么是虔诚。对话者于是意识到，他并不真正了解自己行动的理由。他的整个价值体系在他眼中突然失去了基础。直至那时为止，他从某种程度上说很认同这一价值体系，在它的指挥下发表言论。现在他开始反对这一价值体系。对话者因此被劈成两半：一半是与苏格拉底交谈前的对话者，另一半在不断的赞同中，已经认同了苏格拉底，从此以后不再是从前的他。

这一反讽方法中最关键的一点，是苏格拉底与其对话者共同走过的路。苏格拉底假装想要从对话者那里学到点什么：这正是反讽式自我贬低的精髓。然而，虽然表面看来苏格拉底认同了他的对话者，并完全进入了后者的话语中，实际上最终却是他的对话者无意间进入了他的话语，成为苏格拉底，换言之成为疑难与怀疑本身——这一点我们不要忘记：苏格拉底一无所知，他只知道自己一无所知。在讨论最后，对话者实际上什么都没有学到。他甚至什么都不知道了。但是，在整个讨论期间，他体会到什么是精神活动，不仅如此，他还成为苏格拉底，也就是疑问、质疑、与自身拉开距离，总而言之也就是意识。

这就是苏格拉底式“助产术”的深刻含义。我们知道，在《泰阿泰德篇》中，苏格拉底提到他的职业跟他的母亲相同。他的母亲是个产婆，在分娩时提供帮助。而他是精神的助产士，为精神的分娩助力。他自己生不出什么来，因为他一无所知，他只帮助别人分娩自我。[1]苏格拉底式“助产术”彻底颠覆了师生关系，克尔凯郭尔深具洞察力地看到：“做老师，不是通过肯定来进行裁决，也不是让别人学习功课。做老师，其实是做学生。当你，老师，你从学生那里学到了东西，当你以他所理解的方式停驻在他所理解的东西中时，教学活动才算开始。”[2]“学生对老师来说

1 柏拉图，《泰阿泰德篇》，150a。

2 Kierkegaard, *Point de vue explicatif de mon œuvre*, trad. Tisseau, p.28, et cf. OC, t. XVI, p.22.

是理解自我的机会，老师对学生来说是理解自我的机会。去世时，老师无权声称对学生的灵魂有过什么影响，学生对老师的灵魂也同样如此……理解苏格拉底的最好方式，恰恰是明白别人不欠他什么，这是苏格拉底希望的，这样的愿望令人敬仰。”[1]

我们由此触及了苏格拉底那个谜样的自白的一种可能性解释。“我只知道一件事，那就是我一无所知。”[2]这一自白的确可能想说：苏格拉底不拥有任何能传授的知识，他无法令他头脑中的思想进入别人的头脑中。正如柏拉图《会饮篇》中的苏格拉底所说的那样：“阿伽通啊，如果知识是这样一种东西，能够从最满的地方流向最空的地方，那该多幸福啊。”[3]在色诺芬的《回

1 Kierkegaard, *Riens philosophiques*, trad. fr. de Ferlov et Gateau, Paris, Gallimard, 1948 (Collection Idées, NRF), p. 68 et 119, et cf. OC, t. VII, p. 23 et 58.

2 柏拉图，《申辩篇》，21d5。

3 柏拉图，《会饮篇》，175d。

忆苏格拉底》（*Mémorables*）中，希庇阿斯对苏格拉底说："你最好一次性地告诉我们什么是正义，而不是总在提问。"苏格拉底听后说："我虽然不说，但会用行动让你们看到什么是正义。"[1]确实，苏格拉底是话语与对话的狂热爱好者，但那是因为他想以同样的热情呈现语言的限度。假如没有见过正义，我们就永远无法理解它。与一切真切的现实一样，正义是无法被定义的。这正是苏格拉底想让他的对话者明白的，这样才能邀请后者"亲身体验"正义。对话语的质疑实际上会导向对个体的质疑，个体需要抉择是否要下定决心，过上以意识和理智为指导的生活。正如苏格拉底其中某个对话者说的那样："他将我们带入无尽的话语的漩涡，直至我们面临必须解释自我的时刻，既解释我们现在的生活方式，也解释我们过去的生活方式。"[2]个体的行动基础因此

1 色诺芬，《回忆苏格拉底》，第四卷，第四章，10.1。

2 柏拉图，《拉凯斯篇》，187e。

受到质疑，他意识到那个始终活跃的问题：对他本人而言他只是他自己。一切价值以及人们对这些价值的兴趣都被颠覆。“我毫不关心，”苏格拉底在柏拉图起草的《申辩篇》中说，“我毫不关心大多数人关心的事，挣钱、管理财产、当将军、获得公开演说成功、当官、结盟、组建政党，等等。我没有走这条路……而是走了另一条，在这条路上，我为大家尤其是为你们每个人所做的最大贡献，就是试图劝说大家少关心自己所有的，多关心自己所是的，好成为最优秀、最理智的人。”[1] 通过召唤个体的存在，苏格拉底的行动具有了存在主义色彩。这也是为什么克尔凯郭尔和尼采曾想以自己的方式重复这一行动。这种对个体的提问，这一“考虑你自己”[2]，得到了苏格拉底不知疲倦的重复，也出现在尼采的某个文本中。尼采在此描绘了叔本华意义上的人，他孤零零地伫

1 柏拉图，《申辩篇》，36b。

2 柏拉图，《亚西比德篇》，120d4；《申辩篇》，36c。

立于同时代人的无意识中间："在上百个各式各样的面具之下，年轻人、成年人、老年人、父亲、公民、神父、公务员、商人结队游行，只想着他们共同演出的闹剧，完全不考虑他们自己。一听到'你们为什么活着？'这个问题，他们会立即骄傲地回答：为了成为一个好公民，成为一个学者，成为一个政治家！"[1]"一切人类机构的功能不正是通过不断分散人们的思想，来阻止他们感受自己的生活？"[2]"所有人都急匆匆的，因为所有人都想摆脱自己。"[3]《会饮篇》中的亚西比德已经指出："苏格拉底迫使我向自己承认，就算我有很多缺点，我仍然坚持不思考自己的问

---

1 Nietzsche, *Considérations inactuelles*, III, 4, trad. fr. de G. Bianquis, Paris, Aubier, 1966, p. 79.（中文版可参见尼采，《不合时宜的沉思》，李秋零，译，上海：华东师范大学出版社，2007 年，第 287 页。——译注）

2 *Ibid.*, p.79.（中文版可参见尼采，《不合时宜的沉思》，第 286 页。——译注）

3 *Ibid.*, p.87.（中文版可参见尼采，《不合时宜的沉思》，第 292 页。——译注）

题，只关心雅典人的事情。”[1]我们在此看到了价值颠覆、生活指导标准改变所产生的政治影响。对个体命运的关心不可避免地会引发与城邦的冲突。[2]这是苏格拉底的审判及其死亡的深层含义。当我们通过《申辩篇》看到，苏格拉底式反讽损害了指控哲学家的人，从某种意义上导致他被判处死刑，这种反讽就变成了一个悲剧。[3]

正是在此处，体现出了克尔凯郭尔所说的“存在的严肃性”[4]。在克尔凯郭尔看来，苏格拉底的贡献在于，他曾是一个存在着的思想家，而非一个忘却存在是什么的思辨哲学家。[5]克尔

---

1 柏拉图，《会饮篇》，216a。

2 黑格尔在《哲学史讲演录》中十分强调这一点，参见 Hegel, *Leçons sur l'histoire de la philosophie*, trad. P. Garniron, t.2, p.333："任何民族，尤其是像雅典人一样的自由民族，都无法承认道德意识的法庭。"

3 苏格拉底的求死意志给尼采提出了一个难题，我们后面会谈到这一点。

4 Cf. J. Wahl, *Études kierkegaardiennes*, p.350 sq.

5 有关这一主题，参见 Kierkegaard, *Post-Scriptum non scientifique*, trad. Paul Petit, Paris, 1941, p.47 et sq., et cf. OC t. X, p.191。

凯郭尔认为，存在的基本类型是*个体*（Individu），是*独特性*（Unique）[1]，是存在责任的孤独。在他看来，苏格拉底是这种类型的发明者。[2]我们在此又看到了苏格拉底式反讽的其中一个深刻原因。直接的语言无力交流生存的经验、存在的真实意识、生活的严肃性、决定的孤独感。说话，就是注定在双重意义上堕入平庸。[3]一方面，存在经验无法得到直接的交流：一切话语都是“平庸的”。另一方面，以反讽形式出现的平庸允许进行间接的交流。[4]尼采说：“我认为自己感觉到了苏格拉底的深刻性（他的反讽与某种必要性有关，他必须让自己具有一种肤浅的神情，以便

---

1 Cf. J. Wahl, *Études kierkegaardiennes*, p.270.

2 Kierkegaard, *Point de vue explicatif de mon œuvre*, trad. Tisseau, p.50, et cf. OC, t. XVI, p.44.

3 关于平庸主题，参见 L. Jerphagnon, *De la banalité*, Paris, 1965。

4 Cf. J. Wahl, *Études kierkegaardiennes*, p. 281 sq. 尤其是有关神的匿名性与作家匿名性之关系的评论，p. 285, n.1。

与其他人建立联系）。”[1]对存在主义思想家来说，平庸和肤浅实际上具有一种根本的必要性，是为了与他人保持联系，即使后者对此毫无知觉。但是，平庸和肤浅也是教学方法，反讽的迂回与循环，疑难带来的冲击，这些能够令人进入存在意识的严肃性中，尤其是当厄洛斯的力量也加入其中时——我们在后面会谈到这一点。苏格拉底没有教学体系，他的哲学完全是精神修炼、新的生活方式、活跃的思考、鲜活的意识。

或许我们应赋予苏格拉底的名言“我知道我什么都不知道”以更为深刻的含义。这把我们带回到我们的出发点。苏格拉底说他不是智者。[2]他的个体意识在这种不完美感和未完成感中苏醒。关于这一点，克尔凯郭尔能帮助我们理解苏格拉底形象的所有意义。克尔凯郭尔断言他只知

---

1 Nietzsche, FP, avril-juin1885, 34[148], trad. NRF, t. XI, p.198.

2 柏拉图，《申辩篇》，23b：“哦人类，你们中如果有谁像苏格拉底一样，知道自己在智慧（sophia）方面实际上一文不值，这个人就是最有智慧的（sophotatos）。”

道一件事，那便是他不是基督徒。他深信自己不是基督徒，因为成为基督徒，就是要与基督有个人以及存在方面的真正关系，就是完全地占有这种关系，就是内化这种关系，将其融入产生于自我深处的每个决定。由于这种内化过程极其困难，因此基督徒不存在。只有基督才是基督徒。退一步说，只有那个意识到自己并非基督徒的人才是最好的基督徒，恰恰因为他承认自己并非基督徒。[1]因此，克尔凯郭尔的意识与一切存在主义意识一样是分裂的，它只有在意识到自己并非真正存在时才存在。这一克尔凯郭尔式意识正是苏格拉底的意识："哦苏格拉底，你有一个该死的优点：多亏你的无知，你得以揭示其他人比你还要无知，因为他们甚至不知道自己一无所知。你的经历也是我的经历。别人对我气恼不已，因为他们看到我能够指出，其他人比我更不像基督

1 Cf. J. Wahl, *Études kierkegaardiennes*, p.387, et p.409, n. 1（关于否定神学）。

徒，我非常尊敬基督教，所以我看到并承认我自己不是一个基督徒。”[1]

苏格拉底的意识也是分裂的、撕裂的，但不是被基督的形象，而是被智者的形象这一超验的标准。我们已看到，正义无法被定义，只能被实践。如果有人选择成为义人，那么世上的一切话语都无法表达此人决定的深度。然而，一切人类决定都是不牢固的、脆弱的。人在这个或那个行动中选择成为义人，他预感到自己将会完全过上正义的生活。这是智者的生活。苏格拉底意识到自己并非智者。他不是 sophos，而是 philosophos，不是智者，而是一个渴望智慧的人，因为他自己缺乏智慧。

弗里德兰德说得非常好："苏格拉底式反讽表达了无知（也就是用话语描述正义的不可能性）与对未知的直接经验之间的张力，对未知的

1 Kierkegaard, *L'Instant* § 10, trad. Tisseau, p.176, et cf. OC., t. XIX, pp.300-301.

直接经验也就是对正义之人的生活的经验，在这种经验中，正义达到了神性高度。”[1]正如克尔凯郭尔只有在意识到自己并非基督徒时才成为基督徒，苏格拉底只有在意识到自己并非智者时才成为智者。从这一缺失感中诞生了某种极度强烈的欲望。正是因此，对西方意识来说，哲学家苏格拉底也具有了厄洛斯这位追寻真正的美的永恒流浪者的特征。

---

1 P. Friedländer, *Plato*, vol. 1, New York, 1958, p.153.

# II

# 厄洛斯

苏格拉底可以说是西方思想史上第一个独立个体。正如耶格尔（W. Jaeger）强调的那样[1]，有关苏格拉底的文献，尤其是柏拉图与色诺芬的作品，在尝试描绘苏格拉底的文学肖像之时，努力突出他的与众不同、独一无二。这样的需求无疑产生自他们的非凡经历，因为他们曾结识一位无与伦比的人物。克尔凯郭尔指出[2]，这正是类似 atopos、atopie、atopotatos 等词语所表达的深层含义，这些词在柏拉图对话录中频繁出现[3]，用以刻画苏格拉底的性格，例如《泰阿泰德篇》(149a)："人们说我是古怪(atopotatos)，说我只会制造疑难（aporia）。"从词源上说，

1 W. Jaeger, *Paideia*, t. II, Berlin, 1954, p. 64.

2 Kierkegaard, *Point de vue explicatif de mon œuvre*, trad. Tisseau, p.50, et cf. OC, t. XVI, p.44.

3 柏拉图，《会饮篇》，215a；《斐德罗篇》，229-230；《亚西比德篇》，106a。

atopotatos 这个词意味着“此地以外的”，因此是古怪的、夸张的、荒诞的、无法归类的、令人不安的。《会饮篇》中，亚西比德在歌颂苏格拉底时坚持强调这一特点。他说，正常情况下，存在几类人，即几种理想的类型，个体分属这些类型。一类是“高贵英勇的大将军”，其代表在《荷马史诗》记叙的古代是阿喀琉斯，在当代则是斯巴达领袖伯拉西达；一类是“雄辩精明的政客”，其代表在《荷马史诗》记叙的古代是古希腊人涅斯托尔、特洛伊人安特诺尔，在当代则是伯里克利。但苏格拉底不属于任何一类。亚西比德总结道，我们无法将他与任何人相比，最多只能将他比作西勒诺斯和萨蒂尔。[1] 是的，苏格拉底就是个体，具有独特性，这种个体性如此受克尔凯郭尔重视，以致他希望别人在他的墓碑上刻上：“他曾是一个个体。”[2]

---

1 柏拉图，《会饮篇》，221c-d。

2 Kierkegaard, *Point de vue explicatif de mon œuvre*, trad. Tisseau, p.100, et cf. OC, t. XVI, p.94.

然而，尽管具有这种无与伦比的特殊性，我们会看到苏格拉底还是被笼罩上了神话中的厄洛斯的特征。[1] 当然了，这个厄洛斯将被理解为苏格拉底形象的一种投射。

苏格拉底身上存在某种对爱的反讽，与对话的反讽密切相关，最终会导致处境的颠覆，正如对话的反讽导致的颠覆。让我们立即重申一下，这里的爱是同性之爱，因为这种爱是一种教育之爱。在苏格拉底时期的古希腊，男性之爱是对祖先的战争教育的记忆，是这种教育的残留，在这种教育中，贵族青年在男性友谊的氛围中，接受某个年长之人的指导，以贵族道德为准则来培养自我。依据这个古老的关系模型，师生关系在智术师时期得到确立，并主动运用某种情色语汇加以表达。我们永远不应忘记这一说话方式中的修

---

1 关于“苏格拉底与厄洛斯”这一主题，参见 J. Hillman, “On Psychological Creativity”, dans *Eranos* t. 35, 1996, pp.370-398，尤其其中有关苏格拉底式厄洛斯邪恶的一面。我认为他的研究与我的研究具有互补性。

辞与文学虚构成分。[1]

苏格拉底的爱情反讽显然在于假装自己坠入了爱河，直至那位让他大献殷勤的人在反讽的翻转中自己也坠入爱河。这是亚西比德在苏格拉底赞歌中告诉我们的。亚西比德被苏格拉底对他所作的无数次表白欺骗，以为苏格拉底是认真的，于是某天晚上邀请了他，想要引诱他。他跑到苏格拉底的床上，并拥抱了他。然而苏格拉底镇定自若，完全不为所动。亚西比德说："从那时开始，沦为奴隶的就是我了，我就像是个被毒蛇咬了一口的人。[2]""因为被哲学的牙齿咬到的地方，是我的心灵，或灵魂，或随便用哪个名词来称呼吧。每次听到他的声音，我的心就会跳得比发狂的库瑞忒斯还快，他说的话让我流泪……我不是唯一一个受他如此对待的人。卡米尔德、欧绪德

1 Cf. H. I. Marrou, *Histoire de l'éducation dans l'Antiquité*, Paris, 1971 (6e éd.), ch. III, De la pédérastie comme éducation.

2 柏拉图，《会饮篇》，217-218。

谟……还有其他很多人都被他愚弄，他假装爱上别人，实际上他扮演更多的是被爱者而不是求爱者的角色。”[1]关于这段话，没有谁比克尔凯郭尔评论得更好，克尔凯郭尔说："在这个意义上，我们或许应该叫他诱惑者：他吸引年轻人，在他们身上激起种种渴望却又不去满足这些渴望。他欺骗他们所有人，正如他欺骗了亚西比德。他把年轻人招致身边，但当他们围着他打转时，当他们想在他身边寻得安宁时，他已经离开，魅力已经消失，于是他们体会到不幸的爱情的深切痛苦，感到自己被欺骗了，感到不是苏格拉底爱他们，而是他们爱苏格拉底。”[2]

苏格拉底的反讽式爱情在于假装自己坠入了爱河。在反讽式辩论中，苏格拉底提出问题，假装希望对话者把自己的知识或智慧传授给他。然而，实际上，对话者发现在这问与答的游戏中，

1 柏拉图，《会饮篇》，215e, 218a, 222b。

2 Cité par J. Wahl, *Études kierkegaardiennes*, p. 60 = Le Concept d'ironie, OC, t. II, p.171.

他无力拯救苏格拉底于无知，因为他实际上既没有知识也没有智慧可以传授。因此，对话者渴望进入的，是苏格拉底学派，也就是那个意识到无知的学派。在爱的反讽中，苏格拉底通过爱的告白，假装希望那个他假装爱上的人不是把知识而是把美好的身体交给他。这一状况很容易理解：苏格拉底自己不美，而年轻人是美的。但这一次，被爱的人或号称被爱的人在苏格拉底的态度中发现，他无法满足苏格拉底的爱，因为他其实并不拥有真正的美。发现自己的缺陷后，他就爱上了苏格拉底，换言之，他并非爱上美，因为苏格拉底并不美，而是爱上了爱本身，从苏格拉底在《会饮篇》中给出的定义来看[1]，爱就是对自己不具有的美的渴望。因此，爱上苏格拉底，就是爱上爱本身。

1 柏拉图，《会饮篇》，200-201。

这便是柏拉图《会饮篇》的意义所在。[1]这篇对话的编写形式使我们能够猜到厄洛斯形象与苏格拉底形象的同一性。在柏拉图的想象中，根据惯例，所有客人要按照从左至右的顺序轮流颂扬厄洛斯。斐德罗、鲍萨尼亚、医生厄律克西马库、喜剧诗人阿里斯托芬、悲剧诗人阿伽通依次做了这件事。轮到苏格拉底时，他没有直接赞颂爱神（这将违背他的方法），但转述了从前他与曼提尼亚女祭司狄奥提玛那的对话，狄奥提玛那跟他讲了厄洛斯诞生的神话。正常来说，对话应该在此结束，但宴饮大厅里突然闯入了亚西比德，他头戴紫罗兰和常春藤编的花冠，已经有些醉态。亚西比德还是服从了宴会的规则，不过，他没有赞颂厄洛斯，反倒把苏格拉底赞颂了一番。

此处，苏格拉底与厄洛斯的相似性引人注

---

1 有关这一主题，尤其参见 L. Robin 给柏拉图《会饮篇》写的导论 Platon, *Le Banquet*, Paris, Les Belles Lettres, 1951, pp.CI-CIX，以及 L. Robin 著作 *La Théorie platonicienne de l'amour*, Paris, 1933, p. 195 ; P. Friedländer, *Plato*, vol. I, ch. II, *Demon and Éros*。

目，不仅因为对苏格拉底的赞歌紧跟在已经说完的厄洛斯赞歌之后，还因为狄奥提玛那描绘的厄洛斯肖像与亚西比德描绘的苏格拉底肖像之间存在很多意味深长的共同点。

狄奥提玛那讲道，阿佛洛狄忒生日那天，众神举办了一次宴会。宴会最后，珀涅亚——也就是“贫穷”“缺失”前来乞讨。她看到波洛斯——也就是“资源”“办法”“财富”被琼浆灌醉，正睡在宙斯的花园里。为了弥补自己的匮乏，珀涅亚决定生一个波洛斯的孩子。她躺到沉睡的波洛斯身旁，由此孕育了爱神。

对厄洛斯族谱的分析促使狄奥提玛那对爱神形象做出了非常巧妙的描绘，她的描绘可以有多重解读。首先，从神话的字面意义来看，我们能在厄洛斯身上看到他父亲和他母亲的特征：从父亲那里，他继承了创造精神与擅长计谋的优点，他的 euporia[1]；从母亲那里，他继承了贫穷

1 古希腊语，意即健康的、幸运的。——译注

与乞讨生活，他的 aporia。在这一描写中出现了某种爱的概念。当其他客人以理想方式描绘厄洛斯时，苏格拉底转述了与狄奥提玛那的对话，恢复了对爱的某种更为现实主义的观念。爱并不像悲剧诗人阿伽通希望的那么美好。失去这一特点，爱将不复存在。因为厄洛斯的本质是欲望，而我们只能渴求我们所缺失的东西。厄洛斯不可能是美的，身为珀涅亚的儿子，他被剥夺了美；但身为波洛斯的儿子，他懂得如何弥补这种缺失。阿伽通混淆了爱和爱的对象，也就是被爱之人。但是，对苏格拉底来说，爱是求爱者。因此爱神并不像大多数人认为的那样是神灵，他只是一个代蒙（daimon）[1]，一个介于神与人之间的存在。

正是因此，狄奥提玛那对厄洛斯的描绘中

1 古希腊宗教与哲学概念。既不同于神（theos），也不同于英雄（hérôs），代蒙（daimon）与任何特殊的崇拜无关，在古希腊文学中经常被视为一种不确定的神力。从该词衍生了 démon（魔鬼）等词，但 démon 只代表了 daimon 一词蕴含的与黑暗和诱惑相关的方面。——译注

存在某种喜剧成分。我们从中认出了某种令人疲惫不堪的生活类型，而爱神被迫过着这种生活。著名的母题“爱人如士兵”（Militat omnis amans）说的就是这回事。恋爱中的人守卫在爱人的门前，在室外度过整个夜晚。这是一个乞丐，一个士兵。然而，他也发明了诸多花样，他是巫师、魔术师、灵活的演说家，因为爱让人充满灵感。气馁与希望、需求与满足在他心中不间断地相继出现，他的爱时而成功，时而失败。厄洛斯是无赖，是无耻之徒，是固执之人，是饶舌之人，是野蛮人，是真正的野兽，一直到拜占庭时期，古希腊诗歌都热衷于讲述他的劣迹[1]。

然而，在狩猎者厄洛斯的形象中，柏拉图借助某种令人称奇的巧妙手法，令苏格拉底也就

1 关于厄洛斯的谱系，参见 M. Detienne et J.-P. Vernant, *Les Ruses de l'intelligence. La Métis des Grecs*, Paris, 1974, p. 140。关于“爱人如士兵”的主题，参见 A. Spies, *Militat omnis amans. Ein Beitrag zur Bildersprache der antiken Erotik*, Tübingen, 1930。关于无赖厄洛斯，参见 *Anthologia Palatina*, livre V, épigrammes 176-180。

是“哲学家”的特征显现出来。狄奥提玛那告诉我们，厄洛斯远非阿伽通想的那么优雅、那么漂亮，他永远是贫穷的、粗野的、肮脏的，光着脚走路。亚西比德颂扬的苏格拉底也赤着脚，身披一件破烂的大衣，难以帮他抵御冬日的严寒。[1]我们通过对话的上下文得知，苏格拉底为了赴宴特地洗了澡[2]。喜剧诗人们之后会公开嘲笑他光着的脚和他的旧大衣。[3]苏格拉底被比作乞讨的厄洛斯，这一形象之后将是犬儒派哲学家的形象，是第欧根尼的形象，身披大衣，带着包袱，四处流浪，无家可归，第欧根尼似乎确实将自己定义

1 柏拉图，《会饮篇》，203c-d, 220b。关于苏格拉底 - 厄洛斯这一主题，参见 V. Jankélévitch, *L'Ironie*, p. 122-125, et Th. Gould, *Platonic Love*, Londres, 1963, p.57。

2 柏拉图，《会饮篇》，174a。

3 Cf. les textes cités par Diogène Laërce, *Vies des philosophes*, II, 27-28.

为“疯狂的苏格拉底”。[1]因此，正如弗里德兰德指出的那样[2]，光脚的厄洛斯也让人联想到《普罗泰戈拉篇》（321c5）和《理想国》（272a5）中描写的原始人。我们由此被带回到西勒诺斯的形象，也就是纯粹自然人的形象，存在于文化和文明之前的原始力量的形象。这个部分包含于苏格拉底－厄洛斯的复杂肖像中，这一点并非毫无意义，因为它对应的是苏格拉底式意识引起的价值颠覆。对那个关心自己灵魂的人来说，关键问题不在于外貌、服饰或舒适的环境，而在于自由。

尽管如此，狄奥提玛那也告诉我们，厄洛斯有着他父亲的特征：“他给高贵的灵魂设下陷阱，因为他大胆放肆，不知羞耻，且耐力极好。这是个危险的狩猎者，总能不断地想出鬼点子，

---

1 关于犬儒主义者第欧根尼的生活，参见 Diogène Laërce, *Vies des philosophes*, VI, 20 sq。关于第欧根尼将自己定义为“疯狂的苏格拉底”的内容（VI, 54）并没有被批评界证实，但表述本身不乏心理学真实性。

2 P. Friedländer, *Plato*, vol. I, p. 368, n. 6.

希望自己变得灵活[1]，拥有资源（porimos），反复琢磨着什么计策，是可怕的巫师、魔术师、智术师。”[2]我们简直会以为自己听到的是阿里斯托芬《云》中的斯瑞西阿得斯（Strepsiade）在说话，斯瑞西阿得斯描绘了他渴望通过苏格拉底的教育获得的品质：“胆子大，口才好，脸皮厚，不知耻……永远不会词穷，一只真正的狐狸。”[3]亚西比德在苏格拉底赞歌中，把后者比作厚颜无耻的西勒诺斯[4]，在他之前，阿伽通已经用“杂糅”（hybristes）[5]一词来形容苏格拉底。对亚西比德来说，苏格拉底是一个巫师[6]，一个能言善辩之

---

1 柏拉图刻意使用了模棱两可的词语：厄洛斯似乎渴望变得谨慎（phronesis），也就是拥有智慧，富有资源（porimos），一生都在“探讨哲理”。

2 柏拉图，《会饮篇》，203d。

3 阿里斯托芬，《云》，445 sq。

4 柏拉图，《会饮篇》，221e。

5 柏拉图，《会饮篇》，175e。

6 柏拉图，《会饮篇》，215c；《美诺篇》，80a3；《卡尔米德篇》，155e；《斐多篇》，77e。

人，能吸引漂亮男孩的注意力[1]。至于厄洛斯的强壮，我们能在亚西比德描绘的苏格拉底的军人形象中看到：苏格拉底耐得住严寒、饥饿与恐惧，也不会被葡萄酒和长时间的思考打倒。[2]亚西比德讲道，从代立昂撤退时，苏格拉底的走路姿势跟走在雅典大街上时一样从容，阿里斯托芬在描绘他的姿态时，说他“走路大摇大摆，不时斜眼四顾，尽管辛苦却仍光着脚，神情相当严厉”[3]。

这样一幅苏格拉底－厄洛斯肖像并不怎么美。很显然，我们面对的正是柏拉图式或者说苏格拉底式反讽。但这一形象仍然具备深刻的心理学意义。

狄奥提玛那告诉我们，厄洛斯是一个代蒙（daimon），也就是介于神与人之间的存在。但中间状态是非常不舒服的。半神厄洛斯无法被

---

1 柏拉图，《会饮篇》，218a-b。

2 柏拉图，《会饮篇》，220a-d。

3 柏拉图，《会饮篇》，221b；阿里斯托芬，《云》，362。

归类，正如苏格拉底，他们是 atopos。他既非神也非人，既不美也不丑，没有智慧，没有理智，不好也不坏。[1]但他是欲望，因为与苏格拉底一样，他也意识到自己没有美貌与智慧。正是因此，他是一个哲学家，一个热爱智慧的人，换言之，他渴望达到存在的某种高度，也就是神的完美的高度。在狄奥提玛那的描绘中，厄洛斯是渴求自身完美与真正自我的欲望。他因被剥夺了存在的完整性而痛苦，并渴望获得这种完整性。如此一来，当其他人爱上苏格拉底－厄洛斯，当他们爱上被苏格拉底揭示的爱的本身时，他们所爱的是一种渴望，是苏格拉底对美、对存在之完美的爱。因此他们在苏格拉底身上找到了通向自身完美的道路。

与苏格拉底一样，厄洛斯也只是一种召唤，

1 柏拉图，《会饮篇》，203-204。关于这些同时出现的否定词具有的哲学影响，参见 H.-J. Krämer, *Platonismus und hellenistische Philosophie*, Berlin, 1971, pp. 174-175 et 229-230.

一种敞开的可能性，但他并不是智慧本身，也不是美本身。的确，亚西比德提到的西勒诺斯，当人们打开它们时，会发现它们里面装满了神的雕像[1]。但西勒诺斯本身并不是雕像。它们敞开自我，仅仅为了别人能够获取雕像。厄洛斯的父亲波洛斯从词源来说意味着“通道”“入口”“出口”。苏格拉底不过是一个西勒诺斯，向某种超越他自身的东西敞开。这就是哲学家，哲学家是对存在的一种召唤。苏格拉底讽刺漂亮的亚西比德：“如果你爱我，那是因为你肯定在我身上看到了某种超凡脱俗的美，与你所具有的形态之优雅毫无相似之处。但请观察得更仔细一些，如若不然你会误解我，误解我真实的虚无。”[2]苏格拉底由此对亚西比德提出了警告。在爱苏格拉底时，他爱的仅仅是厄洛斯——珀涅亚和波洛斯的儿子，而非阿佛洛狄忒。但如果说他爱苏格拉底，那是因

1 柏拉图，《会饮篇》，215b。
2 柏拉图，《会饮篇》，218e。

为他预感到苏格拉底会为他开启一条道路，通向一种超越一切尘世之美的非凡的美。苏格拉底的美德，这些藏在爱挖苦人的西勒诺斯内部的神像，亚西比德所欣赏的苏格拉底的美德[1]，都不过是一种反射，一种对完美智慧的预想的滋味。这完美的智慧既是苏格拉底所追求的东西，也是亚西比德通过苏格拉底想追求的东西。

我们由此在苏格拉底式爱欲（éros）中看到了一种与苏格拉底式反讽相同的基本结构，一种分裂的意识，后者狂热地感觉到，它并非它应该成为的东西。爱正诞生自这种分离与缺失的感觉。

柏拉图的重大贡献之一在于，通过创造苏格拉底－厄洛斯神话，他在哲学生活中引入了爱、欲望和非理性的维度。首先是对典型苏格拉底式的对话的体验，其中体现了共同厘清某个吸引两位对话者的问题的意志。在逻各斯的辩证运动之

---

1 亚西比德先后赞美了柏拉图的节欲与力量，《会饮篇》，217-221。

外，苏格拉底及其对话者共同走过的路径，他们想达成一致的共同意志，这已经是爱，而哲学更多地体现于这种精神修炼中，而非对某个体系的建构。对话的任务甚至主要在于呈现语言的限度，以及通过语言交流道德与存在经验的不可能性。但是，作为事件、作为精神活动的对话本身已经是一种道德与存在经验。因为苏格拉底式哲学不是孤独地建构某种体系，而是意识的觉醒，是进入某种存在的高度，这两点只有在人际关系之中才能实现。厄洛斯同样如此，与反讽者苏格拉底一样，他也什么都不传授，因为他一无所知：他不会令人变得更有学识，但会令人变得不同。他也是助产士。他帮助灵魂分娩自我。

看到对苏格拉底式厄洛斯的记忆贯穿整个

历史[1]，这不禁令人动容。例如，在公元 3 世纪的亚历山大里亚，基督徒“显灵迹者”圣额我略（Grégoire le Thaumaturge）在赞颂他的老师奥利金（Origène）时使用了以下语汇：“正如一粒火星投入我们的灵魂中，我们对逻各斯的爱、对这个人的爱被点亮，开始燃烧，这个人，他是逻各斯的朋友与阐释者”，后面又提道，“这个人懂得以苏格拉底的方式，通过驳斥法，像驯服野马一般驯服我们”。[2] 贝特拉姆在几段非常精彩的文字中指出[3]，我们在尼采笔下看到的，正是这一苏格拉底式厄洛斯传统，这一具有教育意

1 例如 J. Wahl 引用的克尔凯郭尔，参见 *Études kierkegaardiennes*, p.100, n. 1 (= *Discours chrétiens*, VII, OC, t. XV, p. 226)：“当我在阅读中遇见苏格拉底，我的心就像那个与他交谈的人一样狂跳不已。苏格拉底的思想赋予我的青年时代以激情，充盈了我的灵魂。”亦可参见 J. Wahl 引用的歌德的言论，n. 3, p.57。

2 Grégoire le Thaumaturge, *Remerciements à Origène* (*Prosphonetikos*), VII, 83 et VII, 97. 整个第六章都在探讨这一主题。

3 E. Bertram, *Nietzsche*, trad. Pitrou, p.393 sq. P. Friedländer (*Plato*, t. I, p.50) 也提到了这几段文字。

义的拜魔鬼教传统。在贝特拉姆看来，有三句话很好地表达了教育的这种厄洛斯维度，首先是尼采的话“只有从爱中才能诞生最深刻的见解”，随后是歌德的话“我们只能从自己爱的人那里学到东西”，以及荷尔德林的话“爱让凡人竭尽所能”。这三句话表明，我们只有在相互的爱中才能获得真正的意识。[1]

这一爱和欲望的维度也是一种非理性维度，用歌德的话来说，是一种“魔性”维度。柏拉图已在苏格拉底身上遭遇这一维度。我们知道，苏格拉底的代蒙有时以完全非理性的方式强加于他的灵感，就像一个否定的信号，阻止他采取这个或那个行动。从某种意义上说，这是他自己的“性格”，他真正的自我。此外，苏格拉底意识中的

---

1 Nietzsche, *Einleitung in das Studium der classischen Philologie*, dans *Nietzsches Werke*, Bd.XVII, Philologica, Leipzig (Kröner), 1910, p.333 ; *Conversations de Goethe avec Eckermann*, Paris (NRF), 1988, p.152 ; Hölderlin, *La Mort d'Empédocle*, Première version, Acte II, Scène 4. Cités par E. Bertram, *Nietzsche*, trad. Pitrou, p.394.

这一非理性元素与苏格拉底式反讽恐怕不无关系。如果说苏格拉底断言自己一无所知，那可能是因为他在行动中将自己交托给了自己的代蒙，并对对话者的代蒙充满信心。无论如何，可能正因柏拉图在苏格拉底身上看到了一个魔鬼般的人物，所以赋予苏格拉底以代蒙厄洛斯的形象，希尔曼（J. Hillman）1966 年的文章已强调了这一点[1]。

如何描写这一“魔性”维度？在这方面，我们最好的导师只能是歌德，终其一生，歌德都醉心于“魔鬼”的秘密，并深受其扰。此外，他可能是在哈曼的《纪念苏格拉底》中[2]，在代蒙苏格拉底身上，第一次认识到了“魔性”。这位苏格拉底深深吸引了歌德，在 1772 年一封写给赫

1 J. Hillman, “On Psychological Creativity”, dans *Eranos* 35-1966, p.380.

2 J. G. Hamann, *Sokratische Denkwürdigkeiten*, p.149 sq. 有关这部著作对歌德的影响，参见 A. Raabe, *Das Erlebnis des Dämonischen in Goethes Denken und Schaffen*, Berlin, 1942, p.30。

尔德（Herder）的信中，我们看到了如下惊人的呼喊："如果能在一天一夜里当一回亚西比德，死不足惜！"[1]

歌德的"魔鬼"有着苏格拉底式厄洛斯的所有模棱两可、含混不清的特征。《诗与真》第20卷告诉我们，这种力量既非神力又非人力，既非魔鬼的又非天使的，既分离所有人也联结所有人。正如《会饮篇》中的厄洛斯，我们只能通过同时的、相互对立的否定来界定它。然而，这种力量给予拥有它的人以一种不可思议的权力，能够支配生物与事物。"魔性"代表了宇宙非理性的、无法解释的维度，类似一种自然的魔力。这一非理性元素是创造现实的不可或缺的动力，是盲目的、无法避免的活力，我们无法逃开这股力量，必须懂得利用它。歌德在《原始词语》

1 "Wär'ich. Einen. Tag und eine Nacht. Alzibiades und dann. wollt'ich sterben." Lettre à Herder de juillet 1772. Sur ce thème cf. A. Raabe, *Das Erlebnis des Dämonischen*..., p. 26-31.

（Urworte）中如是谈论个体的代蒙："你必须如此，你无法逃脱你自己……任何时代、任何力量都无法分裂那写下的形式，它一边存活一边成长。"[1] 在歌德笔下，最能代表这一魔性元素的存在出现时有着《会饮篇》中的厄洛斯的特征。拉贝（A. Raabe）已很好地指出，这点对迷娘

1 "So musst du sein, dir kannst du nicht entfliehen... und keine Zeit und keine Macht zerstückelt Geprägte Form die lebend sich entwickelt." [trad. Ch. du Bos, dans Ch. du Bos, *Goethe*, Paris, 1949, p.38 (voir également p.28 sq.)].

(Mignon) 来说尤其正确。[1] 与厄洛斯一样，迷娘也非常贫穷，渴望变得纯洁美好。她的穿着寒酸破烂，但她的音乐天赋揭示了她丰富的内在。

---

1 A. Raabe, *Das Erlebnis des Dämonischen...*, p.142. 迷娘的渴望，cf. Goethe, *Wilhelm Meisters Lehrjahre*, VIII, 2："So lasst mich scheinen, bis ich werde / Zieht mir das weisse Kleid nicht aus / Ich eile von der schönen Erde / Hinab in jenes feste Haus / Dort ruh'ich, eine kleine Stille / Dann öffnet sich der frische Blick / Ich lasse dann die reine Hülle / Den Gürtel und den Kranz zurück / Und jene himmlischen Gestalten / Sie fragen nicht nach Mann und Weib / Und keine Kleider, keine Falten / Umgeben den verklärten Leib." Cf. M. Delcourt, "Utrumque-Neutrum", dans *Mélanges* H.-Ch. Puech, Paris, 1974, p.122: "迷娘是偷来的孩子，她生活不幸，穿着男孩的服装，厌恶自己的性别，显得像一个阴阳人（*zwitterhaftes Wesen*）。她最终与自己和解，在一个儿童节庆日扮演了天使的角色并唱了几支曲子，在曲子中，她预告了自己即将来临的死亡，*Ich eile von der schönen Erde*……'我将会匆匆离开这尘世，/ 去到地底下坚实的家。……天国里的那些个形象，/ 不管他们是男，还是女，/ 都既无服饰，也无衣裳 / 包裹已经净化的身体。'（中译本参见歌德，《威廉·迈斯特的学习时代》，杨武能译，成都：四川文艺出版社，2017 年，第 479-480 页。——译注）" 关于迷娘的形象，参见 cf. W. Emrich, *Die Symbolik von Faust* II, Francfort sur le Main, 1957, p. 172 以及注释中提到的参考文献，p.459。

与厄洛斯一样，她睡在泥地上或威廉·迈斯特家门口。与厄洛斯一样，她是威廉对某种高级生活的怀念之情的投射与化身。《亲和力》中的奥蒂莉也是一个魔鬼般的存在。她被刻画得仿佛一种自然力量，强大、怪异、魅力无穷。与迷娘相比，她与厄洛斯的深刻关系被表现得更为隐晦，但这一关系仍然是实际存在的。还须提到雌雄同体的荷蒙库鲁斯（Homonculus）的形象，《浮士德》第二部第二幕中明显将这一形象与厄洛斯建立了关联。[1]

“魔性”是个含混不清、模棱两可、难以确定的元素，它既非好亦非不好。只有人的道德决定才能赋予其最终价值。然而，这一非理性的、不可解释的元素与存在密不可分。我们无法逃避与“魔性”的相逢，以及与厄洛斯的危险游戏。

1 关于奥蒂莉与魔鬼，参见 cf. W. Emrich, *Die Symbolik...*, p.214 (en relation avec la notion d'"Ungeheures")。关于雌雄同体问题，参见 cf. W. Emrich, *Die Symbolik...*, pp.171-176。

# Ⅲ

# 狄俄尼索斯

现在让我们回到尼采对苏格拉底的爱恨交加的古怪情绪。在这一点上，贝特拉姆确实已说清楚了根本问题[1]，但通过考察《会饮篇》里苏格拉底形象中的某些不那么引人注目的元素，我们或许能更好地理解尼采的复杂态度。

尼采深知苏格拉底的奇怪诱惑力，“这个要鼠人，”他说道，“这个狡猾多情的雅典人，他让最自满得意的年轻人颤抖、哭泣。”[2]他尝试证明这种诱惑力的产生机制：“我已经说明苏格拉底为何会惹人讨厌，这样一来就更需要解释

---

1 E. Bertram, *Nietzsche*, chap. 20 sur Socrate. 虽然无法在此展开冗长的讨论，但我觉得贝特拉姆在有关尼采与苏格拉底的关系问题上提出的观点并没有被近期的研究超越。

2 Nietzsche, *Le Gai Savoir*, § 340, trad. NRF, t. v, p. 231.（中文版可参见尼采，《快乐的知识》，黄明嘉，译，北京：中央编译出版社，1999 年，第 241 页。——译注）

他吸引人的原因。”[1]他给出了多个解释。苏格拉底的辩证法恭维了古希腊人的好战品味；苏格拉底充满情欲；苏格拉底已意识到，通过为本能的衰弱带来理性的解药，自己能够扮演一定的历史角色。老实说，所有这些解释都比较平淡，但尼采提出了一个更为深刻的见解：苏格拉底对整个后世的诱惑力可能来自他面对死亡的态度，更确切地说，来自他近乎自愿赴死的态度。从第一部著作《悲剧的诞生》开始，尼采就结合《斐多篇》和《会饮篇》的最后几页创造出一个伟大形象[2]：“被判处死刑而非流放，这似乎是苏格拉底本人的意愿，他当时完全清醒，丝毫没有临死之人那种很自然的战栗。柏拉图曾描写他赴死时

1 Nietzsche, *Le Crépuscule des idoles. Le Problème de Socrate*, § 8 (trad.NRF, t.VIII, p.72).（中文版可参见尼采，《偶像的黄昏》，第 50 页。——译注）

2 Nietzsche, *La Naissance de la tragédie*, § 13, trad. G. Bianquis, p.93.（中文版可参见尼采，《悲剧的诞生》，杨恒达，译，南京：译林出版社，2007 年，第 83 页。——译注）

的平静：作为最后一位还清醒着的客人，他在清晨第一束光线中离开宴会，开始新的一天，他的身后，在凳子上和地上睡着的客人正梦见苏格拉底，这个真正的色鬼。赴死的苏格拉底成为新的理想，一个贵族青年们从未见过的理想。”

尼采预感并隐约看到，《会饮篇》的结尾是苏格拉底之死的象征。诚然，柏拉图写得很简单[1]：“只有阿伽通、阿里斯托芬和苏格拉底还醒着，继续在一个大杯子里喝着酒。他们从左至右传着这个杯子。苏格拉底跟他们说着话……他逐渐迫使他们承认，同一个人既能写喜剧也能写悲剧……阿里斯托芬先睡着了，之后阿伽通也睡着了，天已经亮了……苏格拉底……站起来，离开了。他来到吕克昂，稍加洗漱之后，像往常一

---

1 关于这一文本，关于《会饮篇》中亚西比德的发言，以及从更普遍的角度说，关于柏拉图对话录，请参见一部出色的著作：*Platone come scrittore filosofico. Saggi sull'ermeneutica dei dialoghi platonici*, Naples (Istituto Italiano per gli Studi Filosofici, Lezioni della Scuola di Studi Superiori in Napoli 2), 1984。

样度过了这一天。”[1] 从这寥寥数语中，诗人们感觉到了模糊的象征主义。迈耶（C. F. Meyer）在哲学家独醒的这个清晨看到了将死的苏格拉底的形象：

当朋友们与苏格拉底喝酒
他们的头已歪在垫子上时
进来一个年轻人，我还记得
身边跟着两个瘦削的吹笛女
我们从酒杯中倒出最后一滴酒
交谈得疲倦了，嘴唇沉默不语
枯萎的花冠周围环绕着一首歌……

1 柏拉图，《会饮篇》，223c。

安静！笛子吹响了死亡的摇篮曲！[1]

反过来，荷尔德林看到的是热爱生活的苏格拉底的形象：

每个人都有自己的尺度
不幸是沉重的
幸福则更为沉重
然而有一个智者
他懂得在宴会上保持清醒
从正午直至深夜

1 C. F. Meyer, *Gedichte*, IV, *Reise, Das Ende des Festes*. “Da mit Sokrates die Freunde tranken, / Und die Häupter auf die Polster sanken, / Kam ein Jüngling, kann ich mich entsinnen, / Mit zwei schlanken Flötenbläserinnen / Aus den Kelchen schütten wir die Neigen, / Die gespräches-müden Lippen schweigen, / Um die welken Kränze zieht ein Singen... / Still ! Des Todes Schlummerflöten klingen !” (trad. de l’auteur).

直至清晨的第一束光线。[1]

这就是苏格拉底给尼采出的谜题。热爱生活的苏格拉底为何会有求死意志，似乎对存在充满厌恶？

因为尼采了解并爱着热爱生活的苏格拉底，他在《漫游者和他的影子》中写道："如果一切顺利，一个新的时代终会到来，那时人们为完善道德与理智，宁愿选择苏格拉底的回忆录（1879年7月的未出版手稿提到这是'古希腊文学中最吸引人的一部书'）而非《圣经》作为参考，人们会以蒙田或贺拉斯为向导，踏上通往理解苏格拉底的道路。苏格拉底是智者，也是所有调解者中最简单、最不朽的。千差万别的哲学生活方式

1 F. Hölderlin, *Der Rhein*. "Nur hat ein jeder sein Mass / Denn schwer ist zu tragen / Das Unglück, aber schwerer das Glück / Ein Weiser aber vermocht es / Vom Mittag bis in die Mitternacht / Und bis der Morgen erglänzte / Beim Gastmahl helle zu bleiben." (trad. G. Bianquis, Paris, Aubier, 1943, pp.391-393).

的条条道路最终都通向他……相比基督教的创立者，苏格拉底的优势在于，他的微笑冲淡了严肃性，他的智慧充满着调皮意味，造就了人身上最佳的灵魂状态。”[1] 这一充满调皮意味的智慧是在色诺芬的《会饮》[2] 中跳舞的苏格拉底的智慧，是柏拉图的对话录呈现的爱开玩笑、语带讥讽的苏格拉底的智慧，是荷尔德林在诗歌《苏格拉底与亚西比德》中提到的热爱生活的哲学家：

为什么，神圣的苏格拉底，你要如此赞颂
这位年轻人？难道你没有见过更伟大的东西？
为什么你要爱意满满地注视他
好像别人注视神灵？
——最深邃的思想热爱最活跃的生命

---

1 Nietzsche, *Humain, trop humain. Le Voyageur et son ombre*, § 86 (trad. NRF, t. III, 2, p. 200). Cf. FP, juillet 1879, 41 [2], trad. NRF, t. III, 2, p. 397.（中文版可参见尼采，《人性的，太人性的》（下卷），第 652 页。——译注）

2 Xénophon, *Banquet*, II, 16.

用目光刺穿世界之后

才能理解高贵的青春

而智者的归宿，常常是对美的依恋。[1]

在《作为教育者的叔本华》中，热爱最活跃的生命的苏格拉底的形象与叔本华的形象重合。在谈到智者的快乐时，尼采借用了荷尔德林的诗句，并做了如下的精彩描述："一个人能遇到的最快乐、最美好的事，是与胜利者比肩为邻，这些胜利者因沉浸于最深邃的思想，反而更加热爱最生动的现实，在生命的终点，他们还保有智慧，尤其对美感兴趣……他们是真正地在行动，在生

1 "Warum huldigest du, heiliger Sokrates, / Diesem Jünglinge stets ? Kennest du Grösseres nicht ? / Warum siehet mit Liebe / Wie auf Götter, dein Aug'auf ihn ? / Wer das Tiefste gedacht, liebt das Lebendigste / Hohe Jugend versteht, wer in die Welt geblickt / Und es neigen die Weisen / Oft am Ende zu Schönem sich." (trad. G. Bianquis, p.152, légèrement modifiée, notamment dans la lecture du vers 6 ; en effet le texte original de Hölderlin porte *Hohe Jugend*).

活……正是因此，在与他们的接触中，我们会感受到人性与自然，我们想像歌德那样惊呼：'一个活着的人，多么奇妙美好的东西！他与他的环境多么适应，他多么真实，他多么有存在感！'"[1]

*音乐家苏格拉底*！在《悲剧的诞生》中，尼采认为自己预感到了音乐家苏格拉底的来临。神灵在哲学家的梦境中邀请他献身音乐。回应神灵的召唤，音乐家苏格拉底令理性意识反讽的清醒与魔鬼的激情达成和解。这将是真正的"悲剧之

---

1 Nietzsche, *Considérations inactuelles. Schopenhauer comme éducateur*, § 2. "Während dem Menschen nichts Fröhlicheres und Besseres zu Theil werden kann, als einem jener Siegreichen nahe zu sein, die, weil sie das Tiefste gedacht, gerade das Lebendigste lieben müssen und als Weise am Ende sich zum Schönen neigen... Sie bewegen sich und leben wirklich... Weshalb es uns in ihrer Nähe wirklich einmal menschlich und natürlich zu Muthe ist und wir wie Goethe ausrufen möchten : 'Was ist doch ein Lebendiges für ein herrliches köstliches Ding ! wie abgemessen zu seinem Zustande, wie wahr, wie seiend !' " (trad. G. Bianquis, Paris, Aubier, 1966, p. 37)（中文版可参见尼采，《不合时宜的沉思》，第 257 页。——译注）

人”，未出版手稿如是说。[1]在这位音乐家苏格拉底身上，尼采投射了自己的梦——自己对阿波罗与狄俄尼索斯之和解的梦想。

在《临终时的苏格拉底》中，尼采再一次看到自己的悲剧。苏格拉底甘愿赴死，临终前，他讲了以下这番谜样的话：“克里托啊，我欠阿斯克勒庇俄斯一只公鸡。”好像他被治愈了什么疾病，因此欠下健康之神一笔债。[2]“这最后的可笑又可怕的话语，”尼采呼喊道，“对有耳朵的人来说，它意味着：克里托啊，生活是一种疾病！可能吗？一个意志力如此坚强的人……这样的人竟是悲观主义者！他只是假装笑对生活，整整一生，他隐藏了最后的判决、最深的体会！苏格拉

---

1 Nietzsche, *La Naissance de la tragédie*, § 15. 神灵命令苏格拉底献身音乐的梦在《斐多篇》60-61 中有所讲述。“Der tragische Mensch als der musiktreibende Sokrates”, FP, hiver 1870-1871/automne 1872, 8 [13], trad. NRF, t. I, p. 327.（中文版可参见尼采，《悲剧的诞生》，第 93 页。——译注）

2 柏拉图，《斐多篇》，118a。

底，苏格拉底曾受生活之苦！在最后，他用这句含混不清的可怕的话，用这句虔诚的渎神言论报复了生活。我宁愿他保持沉默，直至生命的最后一刻，可能如此一来他就能被归入高级思想家的行列？”[1]

贝特拉姆出色地指出，此处，尼采袒露了他的秘密，他自己内心的怀疑，他存在的悲剧。本想成为存在和生活之乐的歌颂者的尼采是否也怀疑乃至害怕生活最终只是一场疾病？苏格拉底背叛了这个秘密。他暗示了他对人世生活的看法。但尼采想要属于“高级思想家的行列”，那些人懂得保守这个可怕的秘密。“他对生活且仅对生活所唱的充满热情与激情的酒神赞歌，”贝特拉姆写道，“是否只是某种沉默形式，在这种形式之下，一位伟大的生活教育家其实并不相信生

1 Nietzsche, *Le Gai Savoir*, § 340, trad. NRF, t.V, p.231, cité par E. Bertram, *Nietzsche*, trad. Pitrou, p.407.（中文版可参见尼采，《快乐的知识》，第 241 页。——译注）

活？”[1]在最后的反转中，《偶像的黄昏》提供了有关苏格拉底最后的遗言的一种新阐释。苏格拉底即将被治愈的疾病并不是生活本身，而是他所过的那种生活。“苏格拉底不是医生，”他轻声对自己说，“只有死亡才是医生。苏格拉底只是病了很长时间。”[2]这一次，啃噬生命的疾病是苏格拉底式清醒，是苏格拉底式道德。但这里同样如此，苏格拉底的疾病也是尼采的疾病，是他将神话解体的清醒，是他无情的意识。尼采对苏格拉底的充满爱的恨意类似于尼采对自己的充满爱的恨意。归根到底，尼采笔下苏格拉底形象的模糊性不正建立于尼采神话学核心形象的模糊性之上吗？这一核心形象正是狄俄尼索斯——掌管死与生的神灵。

以某种对我们来说相当神秘的方式，柏拉图

1 E. Bertram, *Nietzsche*, trad. Pitrou, p.408.

2 Nietzsche, *Le Crépuscule des idoles. Le Problème de Socrate*, § 12 (trad. NRF, t. VIII, p.74).（中文版可参见尼采，《偶像的黄昏》，第 53 页。——译注）

的《会饮篇》在苏格拉底的形象周围安放了一系列狄俄尼索斯象征。[1]我们甚至可以将这篇对话命名为“狄俄尼索斯的审判”，因为阿伽通向苏格拉底宣称，要知道他和苏格拉底谁拥有更多的智慧，他们应该求助于狄俄尼索斯的评判，也就是说，那个喝得最多、最好的人将赢得以酒神名义进行的sophia——智慧与知识的竞赛。[2]之后，亚西比德闯入宴饮大厅，他出现时像狄俄尼索斯一样，头戴紫罗兰和常春藤编的花冠。[3]刚一进门，亚西比德就在苏格拉底头上缠了一圈布带，就像人们在为诗歌比赛获胜者加冕时常做的那样。[4]而狄俄尼索斯正是悲剧与喜剧之神。在赞颂苏格拉底时，亚西比德也创造了之后被苏格拉底称为“萨蒂尔与西勒诺斯剧”[5]的类型，因为亚西比

---

1 关于这一主题，参见 Helen H. Bacon, “Socrates Crowned”, dans *The Virginia Quarterly Review*, t. 35, 1959,pp. 415-430。

2 柏拉图，《会饮篇》，175e。

3 柏拉图，《会饮篇》，212e。Cf. Th. Gould, *Platonic Love*, p.40.

4 柏拉图，《会饮篇》，213e。

5 柏拉图，《会饮篇》，222d。

德将苏格拉底比作为这些生物。而萨蒂尔和西勒诺斯组成了狄俄尼索斯的随行队伍，羊人剧在起源时即以狄俄尼索斯的激情为核心。在最后一幕中，苏格拉底与悲剧诗人阿伽通及喜剧诗人阿里斯托芬在一起，一步步迫使他们承认，悲剧诗人与喜剧诗人应该是同一个人。[1]而阿伽通曾在颂扬厄洛斯时说，爱神是最伟大的诗人。[2]因此，在厄洛斯的领域表现优秀的苏格拉底在狄俄尼索斯的领域也会表现优秀。此外，在喝酒方面[3]，苏格拉底无人可及，借助“狄俄尼索斯的审判”，他赢得了智慧的竞赛，因为在宴会的最后只有他还是清醒的[4]。我们需要在对话两次提到[5]的长时间的迷醉与狂喜中辨认出一些狄俄尼索斯迹象吗？

---

1 柏拉图，《会饮篇》，223d。
2 柏拉图，《会饮篇》，196c。
3 柏拉图，《会饮篇》，176c，220a，223d。
4 柏拉图，《会饮篇》，223d。
5 柏拉图，《会饮篇》，174d，220c。

因此，柏拉图的《会饮篇》似乎以某种有意识的、刻意的方式安排了一系列迹象，影射苏格拉底形象的狄俄尼索斯特征，这一特征在对话最后一幕中达到了极致。在这一幕中，苏格拉底作为最好的诗人和最能喝的人，在狄俄尼索斯的审判中获得了胜利。

因此，在尼采笔下，苏格拉底的形象最终矛盾地、秘密地、可能还无意识地与狄俄尼索斯的形象重合，这一点并不叫人吃惊。在《善恶的彼岸》的结尾，尼采将一首赞美“心之精灵”[1]的出色颂歌献给了狄俄尼索斯，在《瞧，这个人》[2]中，他重复了这段文字，以表明他的精神控制能力，但这次他拒绝说明赞歌为谁而作。从某种程度上说，这首颂歌中回响着《圣神降临》

---

1 Nietzsche, *Par-delà bien et mal*, § 295, trad. G. Bianquis (coll. 10-18), p.238, et cf. trad. NRF, t. VII, p. 206.（中文版可参见尼采，《善恶的彼岸》，第 296 页。——译注）

2 Nietzsche, *Ecce Homo, Pourquoi j'écris de si bons livres*, § 6, trad. NRF, t. VIII, p.284.（中文版可参见尼采，《瞧，这个人》，第 78 页。——译注）

（Veni Sancte Spiritus）这首献给圣灵的中世纪古老颂歌的调子。在哈曼[1]看来，苏格拉底的“魔鬼”正是歌中所唱圣灵的一种形象：Flecte quod est rigidum, fove quod est frigidum, rege quod est devium[2]。“心之精灵”有着神奇的敏感性，能让人变软、变热、变直。在描绘这一有魔力的灵魂导师的肖像时，尼采想要描绘的是狄俄尼索斯的行动。但是，贝特拉姆也提出了疑问[3]：当尼采唱出这支即将作为本文结论的颂歌时，他会不会在同一时间有意无意地想到了苏格拉底？因为这支颂歌出色地集合了我们已分析过的所有主题：“心之精灵，为这位伟大的神秘人、这个蛊惑人的神灵所拥有，他生来是为了成为意识的要

---

1 J. G. Hamann, *Sokratische Denkwürdigkeiten*, p.149 sq.

2 拉丁语，意即：让那硬的变软，让那冷的变热，让那弯曲的变直。——译注

3 E. Bertram, *Nietzsche*, trad. Pitrou, p.413.

鼠人[1]，他的声音能够下沉到每个灵魂的地底世界……他所说的每句话，他的每个眼神，都隐藏着秘密的诱惑企图……心之精灵，他要求大声嚷嚷、自命不凡的人噤声，教会他们倾听，他打磨粗粝的灵魂，让它们品尝新欲望的滋味，这一欲望是保持光滑与静止，就像一面反射深空的镜子……经它触摸后，一切都重新出发，变得富有，不是拥有了因恩赐或意外获得的礼物，也不是拥有了令自己有压迫感的奇怪便利，而是拥有了更为丰富的自我，在自己眼中成为一个新人……被解冻的温和气息吹拂，卸下一切防备，可能更为不确定，更易受伤，更为脆弱，更为破碎，同时充满了莫可名状的希冀。”[2]

---

1 Cf. Nietzsche, *Le Gai Savoir*, § 340, trad. NRF, t. v, p. 231.（中文版可参见尼采，《快乐的知识》，第 340 节。译者未在中译本中找到相应表述。——译注）

2 法译文部分参考了 Geneviève Bianquis 与 Robert Pitrou 的译文。

# 附 录：法文原文

# ÉLOGE DE SOCRATE

IL est très difficile, et peut-être impossible, de dire ce que fut le Socrate historique, bien que les faits marquants de sa vie soient bien attestés. Mais les témoignages que ses contemporains nous ont laissés à son sujet, ceux de Platon, ceux de Xénophon, ceux d'Aristophane, ont transformé, idéalisé, déformé les traits du Socrate qui vécut à Athènes à la fin du V^e^ siècle avant J.-C. [1]. Pourra-t-on jamais retrouver et reconstituer ce qu'il fut réellement ? Mais, j'oserais dire : en un certain sens, peu importe ! Car c'est sa figure idéale, telle qu'elle a été dessinée par Platon dans le *Banquet*, telle qu'elle a été perçue aussi par ces deux grands socratiques que furent

1. Sur ce problème du Socrate historique, cf. O. Gigon, *Sokrates, sein Bild in Dichtung und Geschichte*, Berne, Francke, 1945 ; A. Patzer (éd.), *Der historische Sokrates*, Darmstadt, 1987. Signalons, dans une littérature immense, deux précieuses petites introductions à Socrate : A. J. Festugière, *Socrate*, Paris, Flammarion, 1934 et M. Sauvage, *Socrate et la conscience de l'homme*, Paris, Seuil, 1970.

Kierkegaard [1] et Nietzsche [2], qui a joué un rôle fondateur dans notre tradition occidentale, et même dans la naissance de la pensée contemporaine.

1. Sur Kierkegaard et Socrate, cf. J. Himmelstrup, *Sören Kierkegaards Sokrates-Auffassung*, Neumünster, K. Wachholz, 1927 ; J. Wild, *Kierkegaard and Classic Philology* dans *Philosophical Review*, t. 49, 1940, p. 536-537 ; J. Wahl, *Études kierkegaardiennes*, Paris, F. Aubier, 1938 ; E. Pivcevic, *Ironie als Daseinsform bei Sören Kierkegaard*, Gütersloh, Mohn, 1960 ; T. Bohlin, *Sören Kierkegaard, L'homme et l'œuvre*, trad. fr. de P. H. Tisseau, Bazoges en Pareds (Vendée), 1941.

2. Sur Nietzsche et Socrate, cf. E. Bertram, *Nietzsche. Versuch einer Mythologie*, 9e éd., Bonn, 1985 (trad. fr. R. Pitrou, *Nietzsche, Essai de mythologie*, Paris, 1932, 2e éd., Paris, Le Félin, 1991) ; H. Hasse, *Das Problem des Sokrates bei F. Nietzsche*, Leipzig, 1918 ; K. Hildebrandt, *Nietzsches Wettkampf mit Sokrates und Platon*, Dresden, 1922 ; E. Sandvoss, *Sokrates und Nietzsche*, Leiden, 1966 ; H. J. Schmidt, *Nietzsche und Sokrates*, Meisenheim, 1969. Sur l'ensemble du vaste phénomène constitué par le rayonnement de la figure de Socrate en Occident, on trouvera un commode recueil de textes dans H. Spiegelberg, *The Socratic Enigma*, The Library of Liberal Arts, 1964 et, en ce qui concerne le XVIIIe et le XIXe siècles, on pourra recourir à B. Böhm, *Sokrates im achtzehnten Jahrhundert. Studien zum Werdegang des modernen Persönlichkeitsbewusstseins*, Leipzig, 1929 et à H.-G. Seebeck, *Das Sokratesbild vom 19. Jahrhundert*, Göttingen, 1947.

## I. SILÈNE

Habituellement, faire l'éloge d'un personnage, c'est énumérer des qualités toutes aussi admirables les unes que les autres, c'est faire apparaître une figure harmonieuse, atteignant à la perfection dans tous les domaines. Pourtant, quand il s'agit de Socrate, même du Socrate idéalisé, créé par Platon et Xénophon, ce n'est pas le cas. Bien au contraire, et c'est là le paradoxe socratique, la figure de Socrate apparaît d'emblée, à celui qui la découvre, comme déroutante, ambiguë, inquiétante. Le premier choc qu'elle nous réserve, c'est cette laideur physique qui est bien attestée par les témoignages de Platon, de Xénophon et d'Aristophane [1]. "Il est significatif, écrit Nietzsche, que Socrate ait été le premier Grec illustre qui ait été laid [2]." "Tout est en lui excessif, bouffon, caricatural… [3]" Et Nietzsche

1. Platon, *Banquet*, 215 b-c ; Xénophon, *Banquet*, IV, 19 et V, 7 ; Aristophane, *Nuées*, 362 (obliquité des regards), à rapprocher de Platon, *Phédon*, 117 b.

2. Nietzsche, *Socrate et la tragédie* (trad. fr. G. Bianquis, dans Nietzsche, *La Naissance de la tragédie*, Paris, NRF, Idées, 1949, p. 213).

3. Nietzsche, *Le Crépuscule des idoles. Le Problème de*

évoque “ses yeux d’écrevisse, sa bouche lippue, sa bedaine [1]”. Il se complaît à raconter que le physionomiste Zopyre avait dit à Socrate qu’il était un monstre et qu’il cachait en lui les pires vices et les pires appétits, à quoi Socrate se serait contenté de répondre : “Comme tu me connais bien [2].” Le Socrate du *Banquet* de Platon ressemble à un Silène [3], ce qui peut bien conduire à de tels soupçons. Silènes et Satyres étaient dans la

*Socrate*, 3-4 (trad. fr. J.-Cl. Hémery, dans Friedrich Nietzsche, *Œuvres philosophiques complètes*, Le *Cas Wagner, Crépuscule des idoles…*, § 4, Paris, NRF, 1974, p. 71. Dans toutes les notes suivantes, la référence à cette traduction française sera simplement signalée par le sigle trad. NRF).

1. Nietzsche, *Socrate et la tragédie* (trad. fr. G. Bianquis), p. 212.

2. Nietzsche, *Le Crépuscule des idoles. Le Problème de Socrate*, § 3 (trad. NRF, t. VIII, p.71). Sur cette histoire, cf. Cicéron, *De fato*, V, 10 ; *Tusculan. Disput.*, 10, 37, 80 et Alexandre d’Aphrodise, *De fato*, p. 171, 11 Bruns. Selon Zopyre, Socrate aurait été stupide et lourd d’esprit parce qu’il n’avait pas de creux aux clavicules. Cette représentation se retrouve peut-être dans la description que fait C. G. Carus du “type béotien” dans *Symbolik der menschlichen Gestalt*, 1858 (rééd. Hildesheim-Darmstadt, 1962), p. 266.

3. Cf. n. 1 p. 9.

représentation populaire des démons hybrides, moitié animaux, moitié humains, qui formaient le cortège de Dionysos. Impudents, bouffons, paillards, ils constituaient le chœur des drames satyriques, genre littéraire dont le "Cyclope" d'Euripide reste un des rares témoins. Les Silènes représentent donc l'être purement naturel, la négation de la culture et de la civilisation, la bouffonnerie grotesque, la licence des instincts [1]. Kierkegaard dira : Socrate était un cobold [2].

Il est vrai que cette figure de Silène n'est qu'une apparence, ainsi que nous le laisse entendre Platon, une apparence qui cache autre chose. Dans le fameux éloge de Socrate, à la fin du *Banquet* [3], Alcibiade compare Socrate

1. Nietzsche lui-même insiste fortement, dans *La Naissance de la tragédie* § 8, sur l'alliance de la sagesse et de l'instinct primitif dans la figure des Silènes et Satyres. Thème qu'il faut rapprocher des remarques de C. G. Jung sur l'alliance de la sagesse et de la bouffonnerie dans l'être à la nature d'elfe (C. G. Jung, *Von den Wurzeln des Bewusstseins*, Zürich, 1954, p. 42). Cf. la note suivante.

2. Kierkegaard, *Le Concept d'ironie*, dans *Œuvres complètes* (citées OC dans les notes suivantes), Paris, Éditions de l'Orante, t. II, p. 11.

3. Platon, *Banquet*, 215 b.

à ces Silènes qui, dans les boutiques des sculpteurs, servent de coffrets pour déposer des figurines de dieux. Ainsi l'aspect extérieur de Socrate, cette apparence presque monstrueuse, laide, bouffonne, impudente, n'est qu'une façade et un masque.

Ceci nous conduit à un nouveau paradoxe : après la laideur, la dissimulation. Comme dit Nietzsche : "Tout en lui est dissimulé, retors, souterrain [1]." Ainsi Socrate se masque et aussi sert de masque aux autres.

Socrate se masque lui-même : c'est la fameuse ironie socratique, dont nous aurons encore à dégager la signification. Socrate feint l'ignorance et l'impudence : "Il passe son temps, dit Alcibiade, à faire le naïf et l'enfant avec les gens [2]." "Les mots, les phrases qui forment l'enveloppe extérieure de ses discours ressemblent à la peau d'un impudent satyre [3]." Ses

1. Nietzsche, *Le Crépuscule des Idoles. Le Problème de Socrate*, § 4 (trad. NRF, t. VIII, p. 71).

2. *Banquet*, 216 e. Les traductions des citations de Platon sont empruntées à l'édition des œuvres de Platon parues dans la Collection "Les Belles Lettres", Paris. Elles sont parfois légèrement modifiées.

3. *Banquet*, 221 e.

assiduités amoureuses, son air ignorant, "ce sont là les dehors dont il s'enveloppe, comme le silène sculpté [1]". Socrate a même si parfaitement réussi dans cette dissimulation qu'il s'est définitivement masqué à l'Histoire. Il n'a rien écrit, il s'est contenté de dialoguer et tous les témoignages que nous possédons sur lui nous le cachent plus qu'ils ne nous le révèlent, précisément parce que Socrate a toujours servi de masque à ceux qui ont parlé de lui.

Parce qu'il était lui-même masqué, Socrate est devenu le *prosopon*, le masque, de personnalités qui ont eu besoin de s'abriter derrière lui. Il leur a donné à la fois l'idée de se masquer et celle de prendre comme masque l'ironie socratique. Il y a là un phénomène extrêmement complexe par ses implications littéraires, pédagogiques et psychologiques.

Le noyau originel de ce phénomène, c'est donc l'ironie de Socrate lui-même. Éternel questionneur, Socrate amenait ses interlocuteurs par d'habiles interrogations à reconnaître leur ignorance. Il les remplissait ainsi d'un trouble qui les amenait éventuellement à une remise en question de toute leur vie. Après la

1. *Banquet*, 216 d.

mort de Socrate, le souvenir de ses conversations socratiques a inspiré un genre littéraire, les *logoi sokratikoi*, qui imite les discussions orales que Socrate avait menées avec les interlocuteurs les plus variés. Dans ces *logoi sokratikoi*, Socrate devient donc un *prosopon*, c'est-à-dire un interlocuteur, un personnage, un masque donc, si l'on se souvient de ce qu'est le *prosopon* du théâtre. Le dialogue socratique, tout spécialement sous la forme subtile et raffinée que Platon lui a donnée, tend à provoquer sur le lecteur un effet analogue à celui que provoquaient les discours vivants de Socrate. Le lecteur se trouve lui aussi dans la situation de l'interlocuteur de Socrate, parce qu'il ne sait pas où les questions de Socrate vont le mener. Le masque, le *prosopon*, de Socrate, déroutant et insaisissable, jette le trouble dans l'âme du lecteur et la conduit à une prise de conscience qui peut aller jusqu'à la conversion philosophique. Comme l'a bien montré K. Gaiser [1], le lecteur est invité lui-même à venir se réfugier derrière le masque

1. K. Gaiser, *Protreptik und Paränese bei Platon. Untersuchungen zur Form des platonischen Dialogs*, Stuttgart, 1959, p. 26, 149 sq. et 197.

socratique. Dans presque tous les dialogues socratiques de Platon, il survient un moment de crise où le découragement s'empare des interlocuteurs. Ils n'ont plus confiance dans la possibilité de continuer la discussion, le dialogue risque de se rompre. Alors Socrate intervient : il prend sur lui le trouble, le doute, l'angoisse des autres, les risques de l'aventure dialectique ; il renverse ainsi les rôles. S'il y a un échec, ce sera son affaire à lui. Il présente ainsi aux interlocuteurs une projection de leur propre moi ; les interlocuteurs peuvent ainsi transférer à Socrate leur trouble personnel et retrouver la confiance dans la recherche dialectique, dans le *logos* lui-même.

Ajoutons que, dans les *Dialogues* platoniciens, Socrate sert de masque à Platon, Nietzsche dira de "sémiotique [1]". Comme l'a bien noté P. Friedländer [2], alors que le "Je" avait fait son apparition depuis longtemps dans la littérature grecque, avec Hésiode, Xénophane, Parménide, Empédocle, les Sophistes, Xénophon lui-même,

1. Nietzsche, *Ecce Homo, Les "Inactuelles"*, § 3 (trad. NRF, t. VIII, p. 294).

2. P. Friedländer, *Plato*, vol. 1, New York, 1958, p. 126.

qui ne s'étaient pas privés de parler à la première personne, Platon, pour sa part, dans ses *Dialogues*, s'efface totalement derrière Socrate et évite systématiquement l'emploi du "Je". Il y a là un rapport extrêmement subtil dont nous ne pouvons comprendre parfaitement toute la signification. Faut-il, avec K. Gaiser et H. J. Krämer [1], supposer que Platon distinguait soigneusement entre son propre enseignement, oral et secret, réservé aux membres de l'Académie, et les dialogues écrits, dans lesquels, utilisant le masque de Socrate, il exhortait ses lecteurs à la philosophie ? Ou bien faut-il admettre que Platon utilise la figure de Socrate pour présenter sa doctrine avec une certaine distance, une certaine

1. K. Gaiser, *Platons ungeschriebene Lehre. Studien zur systematischen und geschichtlichen Begründung der Wissenschaften in der Platonischen Sule*, Stuttgart, 1963 (2ᵉ éd. 1968). H. J. Krämer, *Arete bei Platon und Aristoteles. Zum Wesen und zur Geschichte der platonischen Ontologie*, Heidelberg, 1959 (2ᵉ éd. Amsterdam 1967). Pour un historique et un état de la question, cf. *Das Problem der ungeschriebenen Lehre Platons, herausgeg. von Jürgen Wippern*, Darmstadt (Wege der Forschung, t. 186), 1972. Cf. aussi M.-D. Richard, *L'Enseignement oral de Platon*, Paris, 1986.

ironie ? Quoiqu'il en soit, cette situation originelle a marqué fortement la conscience occidentale et lorsque des penseurs ont été conscients – et effrayés – du renouvellement radical qu'ils apportaient, ils ont, à leur tour, utilisé un masque et, de préférence, le masque ironique de Socrate, pour affronter leurs contemporains.

Dans ses *Sokratische Denkwürdigkeiten*, au XVIIIe siècle, Hamann fait l'éloge de Socrate, comme il le dit lui-même : *mimice* [1], c'est-à-dire en prenant lui-même le masque de Socrate – le rationaliste pur aux yeux des philosophes du XVIIIe siècle [2] – pour laisser entrevoir, derrière ce masque, une figure prophétique du Christ. Ce qui, chez Hamann, n'est qu'un procédé passager, devient attitude fondamentale et existentielle chez Kierkegaard. Cette attitude se manifeste chez lui tout d'abord par le procédé de la pseudonymie. On sait que la plus grande partie de l'œuvre de Kierkegaard a été publiée sous des pseudonymes : Victor Eremita, Johannes Climacus, etc. Il ne s'agit pas d'un

1. J. G. Hamann, *Sokratische Denkwürdigkeiten* (= *Mémorables socratiques*), erklärt von F. Blanke, Gütersloh, 1959, p. 74.

2. Sur ce point, cf. l'ouvrage de B. Böhm, cité n. 2 p. 8.

artifice d'éditeur ; ces pseudonymes correspondent à des niveaux : "esthétique", "éthique", "religieux", où est censé se situer l'auteur, qui va parler successivement du christianisme en esthéticien, puis en moraliste, afin de faire prendre conscience à ses contemporains du fait qu'ils ne sont pas chrétiens. "Il se recouvre du masque de l'artiste et du moraliste demi-croyant pour parler de ses plus profondes croyances [1]." Kierkegaard est parfaitement conscient du caractère socratique du procédé : "Du point de vue global de l'œuvre entière, la production esthétique est une fraude où les ouvrages pseudonymes prennent leur sens profond. Une fraude ! Que c'est laid ! À quoi je réponds de ne pas se laisser abuser par le mot. On peut tromper un homme en vue du vrai et, pour rappeler le vieux Socrate, le tromper pour l'amener au vrai. C'est même la seule manière quand il est victime d'une illusion [2]." Il s'agit de faire sentir au lecteur son erreur non pas en la réfutant directement,

1. J. Wahl, *Études kierkegaardiennes*, p. 282.

2. S. Kierkegaard, *Point de vue explicatif de mon œuvre*, trad. fr. de P. H. Tisseau, Bazoges en Pareds, 1940, p. 35 et cf. OC, t. XVI, p. 28.

mais en l'exposant de telle manière que son absurdité lui apparaisse clairement. C'est tout à fait socratique. Mais en même temps, par la pseudonymie, Kierkegaard donne la parole à tous les personnages qui sont en lui. Il objective ainsi ses différents moi sans se reconnaître en aucun, comme Socrate, par ses habiles questions, objective le moi de ses interlocuteurs, sans se reconnaître en eux. Kierkegaard écrit : "Ma mélancolie a fait que, pendant des années, je n'ai pas pu me dire "toi" à moi-même. Entre la mélancolie et ce "toi" résidait tout un monde de fantaisie. Je l'ai épuisé en partie dans mes pseudonymes [1]." Mais Kierkegaard ne se contente pas de se masquer derrière des pseudonymes. Son vrai masque, c'est l'ironie socratique elle-même, c'est Socrate lui-même : "Ô Socrate !.. Ton aventure est la mienne." "Je suis seul. Ma seule analogie est Socrate. Ma tâche est une tâche socratique [2]."

1. Cité par J. Wahl, *Études kierkegaardiennes*, p. 52, cf. K. Ferlov et J. J. Gâteau, S. Kierkegaard, *Journal* (Extraits), Paris, 1963, t. II, p. 97.

2. S. Kierkegaard, *L'Instant* § 10, trad. Tisseau, p. 174-176, et cf. OC, t. XIX, p. 300-301.

Kierkegaard appelait cette méthode socratique, méthode de communication indirecte [1]. Nous la retrouvons chez Nietzsche. C'est à ses yeux la méthode du grand éducateur : "Un éducateur ne dit jamais ce qu'il pense, mais toujours et exclusivement ce qu'il pense d'une chose quant à son utilité pour celui qu'il éduque. Cette dissimulation, il ne faut pas qu'on la devine [2]." Méthode justifiée par la mission transcendante de l'éducateur : "Tout esprit profond a besoin d'un masque ; bien plus un masque se forme perpétuellement autour de tout esprit profond, grâce à l'interprétation continuellement fausse, c'est-à-dire plate, donnée à toutes ses paroles, à toutes ses démarches, à toutes les manifestations de sa vie [3]." À cette théorie du masque, le masque du Silène socratique sert de

1. Sur la communication indirecte, cf. J. Wahl, *Études kierkegaardiennes*, p. 281-288 et p. 684 (sur la théorie du masque chez Nietzsche).

2. Cité par E. Bertram, *Nietzsche*, trad. Pitrou, p. 408 = *Fragments posthumes* (cité FP dans les notes suivantes), juin-juillet 1885, 37 [7], trad NRF, t. XI, p. 314.

3. Nietzsche, *Par-delà bien et mal*, § 40, trad. G. Bianquis, (coll. 10-18), p. 66, et cf. trad. NRF, t. VII, p. 57.

modèle : "Tel était, je crois, écrit Nietzsche dans les textes inédits de la dernière période de sa vie, tel était, je crois, le charme diabolique de Socrate. Il avait une âme, mais par derrière une autre encore, et par derrière encore une autre. Dans la première, Xénophon s'installe pour dormir, dans la deuxième, Platon, dans la troisième, encore Platon, mais Platon avec sa seconde âme à lui. Platon, à son tour, est un homme tout plein d'arrière-cavernes et de façades [1]." Comme chez Kierkegaard, il y a là chez Nietzsche une nécessité pédagogique, mais aussi un besoin psychologique : "Il existe des hommes" (et Nietzsche en fait partie), "qui ne veulent pas qu'on les voie autrement qu'à moitié voilés par d'autres. Il y a là beaucoup de sagesse [2]." Ainsi Nietzsche, comme il le reconnaît lui-même dans l'*Ecce Homo* [3], a pris pour masque en écrivant ses *Considérations inactuelles*

1. Cité par E. Bertram, *Nietzsche*, trad. Pitrou, p. 408 = *Fragments posthumes* (cité FP dans les notes suivantes), juin-juillet 1885, 37 [7], trad NRF, t. XI, p. 314.

2. Cité par E. Bertram, *Nietzsche*, trad. Pitrou, p. 234 = *Aurore*, IV, § 421, trad. NRF, t. IV, p. 226.

3. Nietzsche, *Ecce Homo, Les "Inactuelles"*, § 3, trad. NRF, t. VIII, p. 294-295.

ses maîtres Schopenhauer et Wagner, comme Platon, nous dit-il, s'est servi de Socrate comme sémiotique. Il y a en effet un rapport comparable à celui qui existe entre Socrate et Platon : Nietzsche parle d'un Wagner idéal et d'un Schopenhauer idéal qui ne sont autres que Nietzsche lui-même. Et précisément, comme l'a bien montré E. Bertram [1], un des masques de Nietzsche, c'est certainement Socrate lui-même, Socrate qu'il poursuit de la même haine amoureuse que Nietzsche éprouve contre Nietzsche, Socrate qui, dit-il, "lui tient de si près qu'il doit le combattre presque constamment [2]". En Socrate, Nietzsche déteste le Nietzsche qui dissout le mythe pour mettre à la place des dieux la connaissance du bien et du mal, le Nietzsche qui ramène les esprits aux choses humaines trop humaines et il aime, il jalouse en Socrate ce qu'il voudrait être lui-même : le séducteur, l'éducateur, le conducteur des âmes. Nous aurons à reparler de cette haine amoureuse.

1. E. Bertram, *Nietzsche*, trad. Pitrou, p. 235. Tout le chapitre de Bertram sur le masque chez Nietzsche est à lire.

2. Cité par E. Bertram, *Nietzsche*, trad. Pitrou, p. 385 = FP, été 1875, 6, [3], trad. NRF, t. II, 2, p. 335.

Ce masque socratique, c'est le masque de l'ironie. Si nous examinons les textes de Platon[1], d'Aristote[2] ou de Théophraste [3], dans lesquels apparaît le mot *eironeia*, nous pouvons en déduire que l'ironie est une attitude psychologique selon laquelle l'individu cherche à paraître inférieur à ce qu'il est : il se déprécie lui-même. Dans l'usage et l'art du discours, cette disposition se manifeste par une tendance à feindre de donner raison à l'interlocuteur, à feindre d'adopter le point de vue de l'adversaire. La figure rhétorique de l'*eironeia* consistera donc à employer des mots ou à développer des discours que l'auditeur s'attendrait plutôt à trouver dans la bouche de l'adversaire [4]. C'est bien ainsi que se présente l'ironie socratique ; "Socrate, se dépréciant lui-même, nous dit Cicéron, concédait plus

1. Platon, *Républ.* 337 a ; *Banquet*, 216 e 5 ; *Apologie*, 38 a 1.

2. Aristote, *Eth. Nicomaque*, 1108 a 22 ; 1127 a 22.

3. Théophraste, *Caractères*, § 1.

4. Cf. H. Lausberg, *Handbuch der literarischen Rhetorik*, Munich, 1960, §§ 582 et 902 où l'on trouvera toutes les références. Un des plus beaux exemples de l'utilisation rhétorique de l'ironie est l'éloge de l'esclavage des nègres par Montesquieu, *Esprit des Lois*, XV, 5.

qu'il ne fallait aux interlocuteurs qu'il voulait réfuter : ainsi pensant une chose et en disant une autre, il prenait plaisir à user habituellement de cette dissimulation que les Grecs appellent "ironie" [1]." Il s'agit donc d'une feinte autodépréciation qui consiste tout d'abord à se faire passer extérieurement pour quelqu'un de tout à fait ordinaire et superficiel. Comme le dit Alcibiade, dans son éloge de Socrate : "Ses discours sont on ne peut plus semblables à ces Silènes qui s'entrouvrent. Qu'on veuille bien les écouter, à la première impression, on ne manquera pas sans doute de les trouver absolument ridicules… Il nous parle d'ânes bâtés, de forgerons, de cordonniers, de corroyeurs, il a l'air de répéter toujours la même chose, si bien qu'il n'y a au monde pas d'ignorant ou d'imbécile qui ne fasse de ses discours un objet de dérision [2]." Banalité des sujets, banalité aussi des interlocuteurs ! Il cherche et trouve ses auditeurs sur les marchés, dans les palestres, dans les ateliers d'artisans, dans les boutiques. C'est un homme de la rue. "La médiocrité, dira Nietzsche, est

1. Cicéron, *Lucullus*, 15 ; *Brutus*, 292-300.

2. Platon, *Banquet*, 221 e.

le masque le plus heureux que puisse porter l'esprit supérieur [1]."

Socrate parle, discute, mais refuse d'être considéré comme un maître : "Quand des gens venaient à lui, remarque Épictète, pour lui demander de les introduire auprès d'autres philosophes, il le faisait volontiers et acceptait de bon cœur de n'être pas lui-même remarqué [2]." Si Socrate refuse d'être considéré comme un maître – et ici nous touchons au cœur de l'ironie socratique –, s'il refuse d'enseigner, c'est qu'il n'a rien à dire, qu'il n'a rien à communiquer, pour la bonne et simple raison qu'il ne sait rien, ainsi qu'il le proclame fréquemment. N'ayant rien à dire, n'ayant pas de thèse à défendre, Socrate ne peut qu'interroger, tout en refusant lui-même de répondre aux questions : "Voilà bien ton *eironeia* habituelle, s'écrit le Thrasymaque du premier livre de la *République*, je le savais bien, je l'avais prédit : tu refuses de répondre aux questions, tu trouves des échappatoires [3]."

1. Nietzsche, *Humain, trop humain. Le Voyageur et son ombre*, § 175 (trad. NRF, t. III, 2, p. 231).

2. Épictète, *Manuel*, § 46. Cf. F. Schweingruber, *Sokrates und Epiktet*, dans Hermes, t. 78, 1943, p. 52-79.

3. Platon, *Républ.*, 337 a (*Gorgias*, 489 e ; *Théétète*, 150 c).

Aristote décrit encore plus clairement la situation : "Socrate prenait toujours le rôle de l'interrogateur, jamais du répondant, car il avouait ne rien savoir [1]."

Évidemment nous ne pouvons savoir exactement comment se sont déroulées les discussions de Socrate avec les Athéniens. Les dialogues de Platon, même les plus "socratiques", n'en sont qu'une imitation doublement affaiblie. Tout d'abord ils sont écrits et non parlés et, comme l'a remarqué Hegel, "dans le dialogue écrit, les réponses sont entièrement sous le contrôle de l'auteur ; mais trouver dans la réalité des gens qui répondent de cette manière est autre chose [2]". De plus, on peut reconnaître dans les dialogues platoniciens, sous le charme de la fiction littéraire, la trace des exercices scolaires de l'Académie platonicienne. Aristote a codifié dans ses *Topiques* les règles de ces joutes dialectiques [3]. Dans

1. Aristote, *Sophist. Elenchi*, 183 b 8.

2. G. W. F. Hegel, *Leçons sur l'histoire de la philosophie*, trad. P. Garniron, t. 2, p. 291. Les pages consacrées à Socrate dans cet ouvrage de Hegel sont d'une grande profondeur, toutes pénétrées du grand problème de l'ironie romantique.

3. P. Moraux, *La Joute dialectique d'après le huitième livre*

ces exercices d'argumentation, questionneur et répondant avaient un rôle bien déterminé et les règles de cette escrime intellectuelle étaient définies avec rigueur. Nous n'avons pas à chercher ce qui, historiquement, peut être proprement socratique dans les discussions rapportées par Platon, mais nous avons à dégager la signification de l'ironie socratique telle que la tradition l'a connue, les mouvements de la conscience auxquelles elle correspond.

Otto Apelt [1] a bien caractérisé le mécanisme de l'ironie socratique : *Spaltung und Verdoppelung* ;

*des Topiques*, dans *Aristotle on Dialectic, Proceedings of the third Symposium Aristotelicum*, Oxford, 1968, p. 277-311. Sur la signification philosophique de ces joutes dialectiques, cf. E. Weil, "La Place de la logique dans la pensée aristotélicienne", dans *Revue de Métaphysique et de Morale*, t. 56, 1951, p. 283-315. Voir aussi E. Hambruch, "Logische Regeln der Platonischen Schule in der Aristotelischen Topik", dans *Wissenschaftliche Beilage zum Jahresbericht des Askanischen Gymnasiums zu Berlin*, Berlin, 1904.

1. O. Apelt, *Platonische Aufsätze*, Berlin, 1912, p. 96-108. Sur l'ironie socratique, on consultera aussi le très important ouvrage de M. Landmann, *Elenktik und Maieutik, Bonn*, 1950 et l'excellent article de R. Schaerer, "Le Mécanisme de l'ironie dans ses rapports avec la dialectique", dans

Socrate se dédouble pour "couper" l'adversaire en deux. Socrate se dédouble : il y a d'un côté le Socrate qui sait à l'avance comment va finir la discussion, mais il y a de l'autre le Socrate qui va faire le chemin, tout le chemin dialectique avec son interlocuteur. Ce dernier ne sait pas où Socrate le mène. C'est là l'ironie. Socrate faisant chemin avec son interlocuteur exige sans cesse un accord total de son partenaire. Prenant comme point de départ la position de ce partenaire, il lui fait admettre peu à peu toutes les conséquences de cette position. En exigeant à chaque instant cet accord, qui est fondé sur les exigences rationnelles du Discours sensé, du Logos [1], il objective la démarche commune et il conduit l'interlocuteur à reconnaître que sa position initiale était contradictoire. En général Socrate choisit comme thème de discussion l'activité qui est familière à son interlocuteur et il cherche à définir avec lui le savoir pratique qui est requis pour exercer cette activité : le

*Revue de Métaphysique et de Morale*, t. 49, 1941, p. 181 sq. Sur l'ironie en général, cf. V. Jankélévitch, *L'Ironie*, Paris, 1964.

1. Ce logos commun à Socrate et à son interlocuteur est personnifié dans Platon, *Protagoras*, 361 a.

général doit savoir combattre courageusement, le devin doit savoir se comporter avec piété à l'égard des dieux. Et voilà qu'au bout du chemin, le général ne sait plus du tout ce qu'est le courage, le devin ne sait plus du tout ce qu'est la piété. L'interlocuteur se rend compte alors qu'il ne sait pas vraiment pourquoi il agit. Tout son système de valeurs lui paraît brusquement sans fondement. Jusque-là il s'identifiait en quelque sorte à ce système de valeurs qui commandait sa manière de parler. Maintenant il s'oppose à lui. L'interlocuteur est donc coupé en deux : il y a l'interlocuteur tel qu'il était avant la discussion avec Socrate et il y a l'interlocuteur qui, dans leur constant accord mutuel, s'est identifié à Socrate et, désormais, n'est plus ce qu'il était auparavant.

Le point absolument capital, dans cette méthode ironique, est le chemin parcouru ensemble par Socrate et son interlocuteur. Socrate feint de vouloir apprendre quelque chose de son interlocuteur : c'est là que réside exactement l'autodépréciation ironique. Mais, en fait, alors qu'il semble s'identifier avec son interlocuteur, entrer totalement dans son discours, c'est finalement l'interlocuteur qui, inconsciemment, entre dans le discours de Socrate, s'identifie à Socrate, c'est-à-dire, ne l'oublions pas, à l'aporie et au doute : car Socrate ne sait rien, il sait seulement qu'il ne sait rien. À la fin de la discussion, l'interlocuteur n'a donc rien appris. Il ne sait même plus rien du tout. Mais pendant tout le temps de la discussion, il a expérimenté ce qu'est l'activité de l'esprit, mieux encore, il a été Socrate lui-même, c'est-à-dire l'interrogation, la mise en question, le recul par rapport à soi, c'est-à-dire finalement la conscience.

Tel est le sens profond de la maïeutique socratique. On sait que, dans le *Théétète*, Socrate raconte qu'il a le même métier que sa mère. Elle était sage-femme et assistait aux naissances corporelles. Lui est l'accoucheur des esprits : il les assiste dans leur naissance. Lui-même n'engendre rien, puisqu'il ne sait rien, il aide seulement les autres à s'engendrer eux-mêmes [1]. Cette maïeutique socratique renverse totalement les rapports entre maître et disciple, comme l'a bien vu Kierkegaard : "Être maître, ce n'est pas trancher à coup d'affirmations, ni donner des leçons à apprendre, etc. ; être maître, c'est vraiment être disciple. L'enseignement commence quand, toi, maître,

1. Platon, *Théétète*, 150 a.

tu apprends du disciple, quand tu t'installes dans ce qu'il a compris, dans la manière dont il a compris [1]." "Le disciple est l'occasion pour le maître de se comprendre lui-même, le maître est l'occasion pour le disciple de se comprendre lui-même. À sa mort, le maître n'a rien à prétendre sur l'âme du disciple, pas plus que le disciple sur celle de son maître… La meilleure façon de comprendre Socrate, c'est justement de comprendre qu'on ne lui doit rien, c'est cela que préfère Socrate et qu'il est beau d'avoir pu préférer [2]."

Nous touchons à l'une des significations possibles de l'énigmatique profession de foi de Socrate : "Je ne sais qu'une chose c'est que je ne sais rien [3]." Elle peut vouloir dire en effet : Socrate ne possède aucun savoir transmissible, il ne peut faire passer des idées de son esprit dans l'esprit d'autrui. Comme le dit le Socrate du *Banquet* de Platon : "Quel

1. Kierkegaard, *Point de vue explicatif de mon œuvre*, trad. Tisseau p. 28, , et cf. OC, t. XVI, p. 22.

2. Kierkegaard, *Riens philosophiques*, trad. fr. de Ferlov et Gateau, Paris, Gallimard, 1948 (Collection Idées, NRF), p. 68 et 119, et cf. OC, t VII, p. 23 et 58.

3. Platon, *Apol.*, 21 d 5.

bonheur ce serait, Agathon, si le savoir était chose de telle sorte que, de ce qui est plus plein, il pût couler dans ce qui est le plus vide [1]." Dans les *Mémorables* de Xénophon, Hippias dit à Socrate : au lieu de questionner toujours sur la justice, il vaudrait mieux nous dire une bonne fois ce que c'est. À quoi Socrate répond : "À défaut de la parole, je fais voir ce qu'est la justice par mes actes [2]." Socrate, il est vrai, est un passionné de la parole et du dialogue. Mais c'est qu'il veut tout aussi passionnément montrer les limites du langage. On ne comprendra jamais la justice si on ne la vit pas. Comme toute réalité authentique, la justice est indéfinissable. C'est précisément ce que Socrate veut faire comprendre à son interlocuteur pour l'inviter à "vivre" la justice. La mise en question du discours mène en fait à une mise en question de l'individu qui doit décider, si, oui ou non, il prendra la résolution de vivre selon la conscience et la raison. Comme dit un interlocuteur de Socrate : "Il nous entraîne dans un circuit de discours sans fin, jusqu'à ce

1. Platon, *Banquet*, 175 d.

2. Xénophon, *Mémorables*, IV, 4, 10.1.

qu'on en vienne à devoir rendre raison de soi-même, aussi bien quant à la manière dont on vit présentement qu'à celle dont on a vécu son existence passée [1]." L'individu est ainsi remis en question dans les fondements mêmes de son action, il prend conscience du problème vivant qu'il est lui-même pour lui-même. Toutes les valeurs sont ainsi renversées et l'intérêt qu'on leur accordait : "Je n'ai nul souci, dit Socrate dans l'*Apologie de Socrate* rédigée par Platon, je n'ai nul souci de ce dont se soucient la plupart des gens, affaires d'argent, administration des biens, charges de stratège, succès oratoires en public, magistratures, coalitions, factions politiques. Je me suis engagé, non dans cette voie… mais dans celle où, à chacun de vous en particulier, je ferai le plus grand bien en essayant de lui persuader de se préoccuper moins de ce qu'il a que de ce qu'il est, pour se rendre aussi excellent et raisonnable que possible [2]." Par cet appel à l'être de l'individu, la démarche socratique est existentielle. C'est pourquoi, chacun à sa manière, Kierkegaard et Nietzsche ont

1. Platon, *Lachès*, 187 e.

2. Platon, *Apol.*, 36 b.

voulu la répéter. Cette mise en question de l'individu, ce "Prends souci de toi-même [1]" que Socrate répète inlassablement, comment ne pas les retrouver dans ce texte de Nietzsche où, décrivant l'homme selon Schopenhauer, il le montre isolé au milieu de l'inconscience de ses contemporains : "Sous cent masques divers, jeunes gens, adultes, vieillards, pères, citoyens, prêtres, fonctionnaires, marchands, font la parade et ne songent qu'à la comédie qu'ils donnent tous ensemble sans penser le moins du monde à eux-mêmes. À la question "Pourquoi vivez-vous ?", ils répondraient aussitôt avec orgueil : Pour devenir un bon citoyen, un savant, un homme d'État [2] !" "Toutes les institutions humaines ne sont-elles pas destinées à empêcher les hommes de sentir leur vie, grâce à la dispersion constante de leurs pensées [3]." "La hâte est générale parce que tous veulent s'échapper à eux-mêmes [4]." Déjà l'Alcibiade du *Banquet* disait :

1. Platon, *Alcibiade*, 120 d 4 ; *Apol.*, 36 c.

2. Nietzsche, *Considérations inactuelles*, III, 4, trad. fr. de G. Bianquis, Paris, Aubier, 1966, p. 79.

3. *Ibid.*, p. 79.

4. *Ibid.*, p. 87.

“Socrate me contraint à m’avouer à moi-même que, alors que je suis déficient sur tant de points, je persiste à ne pas me soucier de moi-même et à m’occuper seulement des affaires des Athéniens [1].” On entrevoit ici la portée politique de ce renversement des valeurs, de ce changement des normes directrices de la vie. Le souci de la destinée individuelle ne peut manquer de provoquer un conflit avec la Cité [2]. Ce sera le sens profond du procès et de la mort de Socrate. L’ironie socratique devient dramatique lorsque nous la voyons, grâce au témoignage de l’*Apologie de Socrate*, s’exercer au dépens des accusateurs du philosophe et provoquer, en quelque sorte, sa condamnation à mort [3].

C’est là précisément le “sérieux de l’existence” dont parle Kierkegaard [4]. Le mérite de

1. Platon, *Banquet*, 216 a.

2. Hegel insiste fortement sur ce point, *Leçons sur l’histoire de la philosophie*, trad. P. Garniron, t. 2, p. 333 : “Aucun peuple et moins encore un peuple libre, d’une liberté comme celle du peuple athénien, n’a à reconnaître un tribunal de la conscience morale.”

3. Cette volonté de mourir, chez Socrate, posera à Nietzsche un problème dont nous aurons à parler plus bas.

4. Cf. J. Wahl, *Études kierkegaardiennes*, p. 350 sq.

Socrate, à ses yeux, c'est d'avoir été un penseur existant, non un philosophe spéculatif qui oublie ce que c'est d'exister [1]. La catégorie fondamentale de l'existence pour Kierkegaard, c'est l'Individu, c'est l'Unique [2], la solitude de la responsabilité existentielle. Pour lui, Socrate en a été l'inventeur [3]. Nous retrouvons ici l'une des raisons profondes de l'ironie socratique. Le langage direct est impuissant à communiquer l'expérience de l'exister, la conscience authentique de l'être, le sérieux du vécu, la solitude de la décision. Parler, c'est être condamné doublement à la banalité [4]. Tout d'abord, il n'y a pas de communication directe de l'expérience existentielle : toute parole est "banale". Et d'autre part, la banalité, sous la forme de l'ironie, peut permettre la communication indirecte [5]. Comme

1. Sur ce thème, cf. Kierkegaard, *Post-Scriptum non scientifique*, trad. Paul Petit, Paris, 1941, p. 47 et sq., et cf. OC t. X, p. 191.

2. Cf. J. Wahl, *Études kierkegaardiennes*, p. 270.

3. Kierkegaard, *Point de vue explicatif de mon œuvre*, trad. Tisseau, p. 50, et cf. OC, t. XVI, p. 44.

4. Sur le thème de la banalité, cf. L. Jerphagnon, *De la banalité*, Paris, 1965.

5. Cf. J. Wahl, *Études kierkegaardiennes*, p. 281 sq. et

dit Nietzsche : “Je crois sentir que Socrate était profond (son ironie correspondait à la nécessité où il était de se donner un air superficiel pour pouvoir rester en relation avec les hommes) [1].” Pour le penseur existentiel, la banalité et le superficiel sont en effet une nécessité vitale : il s’agit de rester en contact avec les hommes, même si ceux-ci sont inconscients. Mais ce sont aussi des artifices pédagogiques : les détours et les circuits de l’ironie, le choc de l’aporie, peuvent faire accéder au sérieux de la conscience existentielle, surtout si vient s’y ajouter, comme nous le verrons, la puissance d’Éros. Socrate n’a pas de système à enseigner. Sa philosophie est tout entière exercice spirituel, nouveau mode de vie, réflexion active, conscience vivante.

Peut-être faut-il donner une signification encore plus profonde à la formule socratique : “Je sais que je ne sais rien.” Ceci nous ramène à notre point de départ. Socrate dit qu’il n’est pas un sage [2]. Sa conscience individuelle s’éveille

notamment les remarques sur les rapports entre l’incognito divin et l’incognito de l’écrivain, p. 285, n. 1.

1. Nietzsche, FP, avril-juin 1885, 34 [148], trad NRF, t. XI, p. 198.

2. Platon, *Apol.*, 23 b : “Ô humains, celui-là est parmi

dans ce sentiment d'imperfection et d'inachèvement. Sur ce point, Kierkegaard peut nous aider à comprendre toute la signification de la figure socratique. Kierkegaard affirme qu'il ne sait qu'une chose, c'est qu'il n'est pas chrétien. Il est intimement persuadé qu'il ne l'est pas, car être chrétien, c'est avoir un véritable rapport personnel et existentiel avec le Christ, c'est s'être pleinement approprié ce rapport, c'est l'avoir intériorisé dans une décision émanant des profondeurs du moi. Étant donné l'extrême difficulté de cette intériorisation, il n'y a pas de chrétien. Seul le Christ est chrétien. Du moins, celui qui a conscience de ne pas être chrétien est le meilleur chrétien, dans la mesure où il reconnaît qu'il n'est pas chrétien [1]. La conscience de Kierkegaard, comme toute conscience existentielle, est donc divisée. Elle n'existe que dans la conscience qu'elle a de ne pas vraiment exister. Cette conscience kierkegaardienne, c'est la conscience socratique : "Ô Socrate, tu avais le maudit avantage

vous le plus sage (*sophotatos*) qui sait comme Socrate qu'en vérité il n'est bon à rien en fait de sagesse (*sophia*)."

1. Cf. J. Wahl, *Études kierkegaardiennes*, p. 387, et p. 409, n. 1, sur la théologie négative.

de pouvoir, grâce à ton ignorance, faire éclater que les autres étaient encore moins savants que toi : ils ne savaient même pas qu'ils étaient ignorants. Ton aventure est la mienne. On s'est exaspéré contre moi en me voyant capable de montrer que les autres sont encore moins chrétiens que moi, moi pourtant si respectueux du christianisme que je vois et avoue que je ne suis pas chrétien [1]."

La conscience socratique est elle aussi divisée et déchirée, non par la figure du Christ, mais par la figure du Sage, norme transcendante. La justice, nous l'avons vu, ne se définit pas, elle se vit. Tous les discours du monde ne pourront exprimer la profondeur de la décision de l'homme qui choisit d'être juste. Mais toute décision humaine est précaire et fragile. En choisissant d'être juste dans tel ou tel acte, l'homme a le pressentiment d'une existence qui serait juste, d'une manière plénière. Ce serait celle du Sage. Socrate a conscience de n'être pas sage. Il est, non pas *sophos*, mais *philosophos*, non pas un sage, mais quelqu'un qui désire la sagesse, parce qu'il en est privé.

1. Kierkegaard, *L'Instant* § 10, trad. Tisseau, p. 176, et cf. OC., t. XIX, p. 300-301.

Comme le dit excellemment P. Friedländer, “l’ironie socratique exprime la tension entre l’ignorance (c’est-à-dire l’impossibilité d’exprimer avec des mots ce qu’est la justice) et l’expérience directe de l’inconnu, c’est-à-dire de l’existence de l’homme juste, dont la justice atteint le niveau divin [1]”. Comme Kierkegaard n’est chrétien que par sa conscience de n’être pas chrétien, Socrate n’est sage que par sa conscience de n’être pas sage. De ce sentiment de privation naît un immense désir. C’est pourquoi Socrate le philosophe revêtira, pour la conscience occidentale, les traits d’Éros, l’éternel vagabond en quête de la vraie Beauté.

## II. ÉROS

On pourrait dire que Socrate est le premier individu de l’histoire de la pensée occidentale. Comme l’a bien souligné W. Jaeger [2], la littérature socratique, notamment les œuvres de Platon et de Xénophon, en cherchant à faire le portrait littéraire de Socrate, s’efforce de

1. P. Friedländer, *Plato*, vol. I, New York, 1958, p. 153.
2. W. Jaeger, *Paideia*, t. II, Berlin, 1954, p. 64.

faire sentir son originalité, son unicité. Ce besoin naît certainement de l'expérience extraordinaire que représente la rencontre avec une personnalité incomparable. C'est bien là, comme l'a remarqué Kierkegaard [1], le sens profond des expressions *atopos*, *atopia*, *atopotatos*, qui reviennent très souvent dans les dialogues de Platon [2] pour décrire le caractère de Socrate, par exemple dans le *Théétète* (149 a) : "On dit que je suis *atopotatos* et que je ne crée que l'*aporia*." Le mot signifie étymologiquement "hors de lieu" donc étrange, extravagant, absurde, inclassable, déroutant. Dans son éloge de Socrate, dans le *Banquet*, Alcibiade insiste sur cette particularité. Il existe normalement, nous dit-il, des classes d'hommes, des types idéaux auxquels correspondent les individus ; par exemple, il y a le type "grand général noble et courageux", ses représentants sont, dans l'Antiquité homérique, Achille, et, parmi les contemporains, le chef spartiate Brasidas ; il y a le type "homme d'État éloquent et avisé",

1. Kierkegaard, *Point de vue explicatif sur mon œuvre*, trad. Tisseau p. 50, et cf. OC, t. XVI, p. 44.

2. Platon, *Banquet*, 215 a ; *Phèdre*, 229-230 ; *Alcibiade*, 106 a.

ses représentants sont, dans l'Antiquité homérique, le Grec Nestor, le Troyen Anténor et, parmi les contemporains, Périclès. Mais Socrate ne rentre dans aucune classe. On ne peut le comparer à aucun homme, conclut Alcibiade, tout au plus aux Silènes et aux Satyres [1]. Oui, Socrate est l'Individu, l'Unique, cet Individu, si cher à Kierkegaard qu'il aurait voulu que l'on inscrivît sur son propre tombeau : "Il fut l'Individu [2]."

Et pourtant, malgré ce caractère incomparable, nous allons voir Socrate revêtir les traits mythiques d'Éros [3]. Il est vrai que ce sera un Éros conçu comme une projection de la figure de Socrate.

Intimement liée à l'ironie du dialogue, il y a chez Socrate une ironie de l'amour qui conduit à des renversements de situation tout

1. Platon, *Banquet*, 221 c-d.

2. Kierkegaard, *Point de vue explicatif*, trad. Tisseau, p. 100, et cf. OC, t. XVI, p. 94.

3. Sur ce thème : *Socrate et Éros*, cf. J. Hillman, "On Psychological Creativity", dans *Eranos* t. 35, 1996, p. 370-398, notamment sur l'aspect démonique de l'Éros socratique. Nos recherches, me semble-t-il, se complètent mutuellement.

à fait analogues à ceux de l'ironie du discours. Rappelons tout de suite que l'amour qui est ici en question est l'amour homosexuel, précisément parce qu'il est un amour éducateur. Dans la Grèce du temps de Socrate, l'amour masculin est un souvenir et une survivance de l'éducation guerrière archaïque, dans laquelle le jeune noble se formait aux vertus aristocratiques, dans le cadre d'une amitié virile, sous la direction d'un aîné. La relation maître-disciple est conçue à l'époque sophistique, sur le modèle de cette relation archaïque et s'exprime volontiers dans une terminologie érotique. La part de la rhétorique et de la fiction littéraire dans cette manière de parler ne doit jamais être oubliée [1].

L'ironie amoureuse de Socrate consiste évidemment à feindre d'être amoureux, jusqu'à ce que celui qu'il poursuit de ses assiduités, par le renversement de l'ironie, devienne lui-même amoureux. C'est ce que raconte Alcibiade dans son éloge de Socrate. Trompé par les nombreuses déclarations que lui a

1. Cf. H. I. Marrou, *Histoire de l'éducation dans l'Antiquité*, Paris, 1971 (6e éd.), ch. III, De la pédérastie comme éducation.

faites Socrate, Alcibiade, croyant que c'est sérieux, a invité un soir Socrate pour le séduire. Il s'est glissé dans son lit, il l'a enlacé. Et voilà que Socrate est resté parfaitement maître de soi et ne s'est pas du tout laissé séduire. Depuis ce temps, dit Alcibiade, c'est moi qui suis réduit en esclavage, je suis dans l'état d'un homme mordu par une vipère [1]. "Car c'est au cœur ou à l'âme ou de quelque autre nom qu'il faille appeler cela, c'est là que m'ont atteint la dent, la morsure des discours philosophiques. Quand je l'entends, le cœur me bat bien plus qu'aux corybantes dans leurs transports, ses paroles font couler mes larmes… Je ne suis pas le seul envers qui il se soit conduit de la sorte. Mais également Charmide… Euthydème… et d'autres en très grand nombre qu'il berne en faisant l'amoureux alors qu'il tient plutôt le rôle du bien-aimé que celui de l'amant [2]." Quel meilleur commentaire à ce texte que celui de Kierkegaard : "On devrait peut-être l'appeler en ce sens un séducteur : il fascinait la jeunesse, éveillait en elle des aspirations qu'il ne satisfaisait

1. *Banquet*, 217-218.

2. *Banquet*, 215 e, 218 a, 222 b.

pas. Il les trompait tous, comme il trompait Alcibiade. Il attirait les jeunes gens, mais quand ils se tournaient vers lui, quand ils voulaient trouver près de lui le repos, alors il était parti, alors le charme était passé, alors ils sentaient les profondes douleurs de l'amour malheureux, alors ils sentaient qu'ils avaient été trompés, que ce n'était pas Socrate qui les aimait, mais eux qui aimaient Socrate [1]."

L'amour ironique de Socrate consiste donc à feindre d'être amoureux. Dans l'ironie dialectique, Socrate faisait semblant, en posant ses questions, de désirer que son interlocuteur lui communiquât son savoir ou sa sagesse. Mais en fait l'interlocuteur découvrait dans ce jeu de questions et de réponses, qu'il était incapable de remédier à l'ignorance de Socrate, car en fait il n'avait ni savoir ni sagesse à donner à Socrate. C'était donc à l'école de Socrate, c'est-à-dire, en fait à l'école de la conscience du non-savoir que l'interlocuteur désirait se mettre. Dans l'ironie amoureuse, Socrate fait semblant, par ses déclarations amoureuses, de désirer que celui qu'il feint d'aimer lui livre,

1. Cité par J. Wahl, *Études kierkegaardiennes*, p. 60 = *Le Concept d'ironie*, OC, t. II, p. 171.

non plus son savoir, mais sa beauté corporelle. Situation compréhensible : Socrate n'est pas beau, le jeune homme est beau. Mais cette fois l'aimé ou prétendu tel découvre, par l'attitude de Socrate, qu'il est incapable de satisfaire l'amour de Socrate, car il n'a pas en lui de vraie beauté. Découvrant alors ce qui lui manque, il devient amoureux de Socrate, c'est-à-dire non pas de la beauté, car Socrate n'en a pas, mais de l'amour qui est, selon la définition donnée par Socrate dans le *Banquet* [1], le désir de la Beauté dont on est privé. Ainsi être amoureux de Socrate, c'est être amoureux de l'amour.

C'est là précisément le sens du *Banquet* de Platon [2]. Le dialogue est construit de manière à faire deviner l'identité entre la figure d'Éros et celle de Socrate. Platon imagine que, selon la coutume, tous les convives, en allant de gauche à droite, vont prononcer à tour de rôle, l'éloge d'Éros. C'est ce que font successivement Phèdre

1. *Banquet*, 200-201.

2. Sur ce thème, cf. avant tout, L. Robin, dans son Introduction à Platon, *Le Banquet*, Paris, Les Belles Lettres, 1951, p. CI-CIX et dans son ouvrage, *La Théorie platonicienne de l'amour*, Paris, 1933, p. 195 ; P. Friedländer, *Plato*, vol. I, ch. II, *Demon and Éros*.

et Pausanias, puis le médecin Eryximaque, le poète comique Aristophane, le poète tragique Agathon. Quant à Socrate, lorsque son tour est venu, il ne prononce pas directement l'éloge de l'Amour (ce serait contraire à sa méthode), mais il rapporte l'entretien qu'il eut jadis avec Diotime, la prêtresse de Mantinée, qui lui raconta le mythe de la naissance d'Éros. Normalement le dialogue devrait se terminer là, mais brusquement fait irruption, dans la salle du festin, Alcibiade, couronné de violettes et de feuilles de lierre et passablement ivre. Il se soumet quand même à la loi du banquet, mais au lieu de faire l'éloge d'Éros, il prononce celui de Socrate.

Ici l'identité entre Socrate et Éros n'est pas seulement marquée par le fait que l'éloge de Socrate prend rang à la suite et dans la ligne des éloges d'Éros déjà prononcés, mais également par le fait que les traits communs au portrait d'Éros tracé par Diotime et au portrait de Socrate tracé par Alcibiade sont nombreux et significatifs.

Le jour de la naissance d'Aphrodite, raconte Diotime, il y eut banquet chez les dieux. À la fin du repas, Pénia, c'est-à-dire "Pauvreté", "Privation", vint pour mendier. Elle vit alors Poros, c'est-à-dire "Moyen", "Expédient", "Richesse", enivré par le nectar et endormi dans le jardin de Zeus. Pour remédier à son dénuement, Pénia décida d'avoir un enfant de Poros. Elle s'étendit près de Poros endormi et conçut ainsi l'Amour.

Cette généalogie d'Éros va permettre à Diotime de faire son portrait, d'une manière si subtile que cette description pourra être interprétée à plusieurs niveaux. Tout d'abord, conformément à la lettre du mythe, nous reconnaissons dans Éros des traits de son père et des traits de sa mère : du côté paternel, il tient son esprit inventif et rusé, son euporia ; du côté maternel, il tient son état de pauvre et de mendiant, son aporia. Une certaine conception de l'Amour se fait jour à travers cette description. Alors que les autres convives ont décrit Éros d'une manière idéalisée, Socrate rapporte l'entretien qu'il eut avec Diotime pour restaurer une vision plus réaliste de l'Amour. L'Amour n'est pas beau, comme l'aurait voulu le poète tragique Agathon. Sans cela il ne serait plus l'Amour. Car Éros est essentiellement désir et on ne peut désirer que ce dont on est privé. Éros ne peut être beau : fils de Pénia, il est privé de la beauté ; mais fils de Poros, il sait remédier à cette privation. Agathon a confondu l'Amour avec son objet, c'est-à-dire avec l'aimé. Mais, pour Socrate, l'Amour est amant. Ce n'est donc pas un dieu, comme le pensent la plupart des gens, mais seulement un *daimon*, un être intermédiaire entre le divin et l'humain.

C'est pourquoi la description d'Éros par Diotime a quelque chose de comique. On y reconnaît le genre de vie harassant auquel condamne l'Amour. C'est le fameux thème : "Militat omnis amans." L'amoureux monte la garde à la porte de l'aimé, passe la nuit à la belle étoile. C'est un mendiant et un soldat. Mais aussi il est fertile en inventions, sorcier, magicien, habile discoureur, parce que l'Amour rend ingénieux. Pour lui découragement et espoir, besoin et satiété, se succèdent sans interruption avec les succès et les échecs de son amour. C'est Éros le vaurien, l'effronté, têtu, bavard, sauvage, ce vrai monstre, dont la poésie grecque, jusqu'à la période byzantine, se plaira à raconter les méfaits [1].

1. Cf. sur la généalogie d'Éros, M. Detienne et J.-P. Vernant, *Les Ruses de l'intelligence. La Métis des Grecs*, Paris, 1974, p. 140. Sur ce thème "Militat omnis amans", cf. A. Spies, *Militat omnis amans. Ein Beitrag zur Bildersprache der antiken Erotik*, Tübingen, 1930. Sur Éros le vaurien, cf. *Anthologia Palatina*, livre v, épigrammes 176-180.

Mais dans cette figure de l'Éros chasseur, Platon, avec une étonnante maîtrise, fait apparaître les traits de Socrate, c'est-à-dire du "philosophe". Éros, nous dit Diotime, loin d'être délicat et beau, comme le pense Agathon, est toujours pauvre, rude, malpropre, va-nu-pieds. Le Socrate dont Alcibiade fait l'éloge est lui aussi va-nu-pieds, couvert d'un manteau grossier qui le protège mal du froid de l'hiver [1]. Et nous apprenons dans le contexte du dialogue que Socrate s'est exceptionnellement baigné pour venir au banquet [2]. Les poètes comiques se gausseront de ses pieds nus et de son vieux manteau [3]. Cette figure de Socrate comme Éros mendiant, ce sera celle du philosophe cynique, celle de Diogène, errant sans feu ni lieu, avec son manteau et sa besace, ce "Socrate furieux", comme, semble-t-il, il se définissait lui-même [4]. Ainsi que l'a remarqué

1. *Banquet*, 203 c-d et 220 b. Sur le thème de Socrate-Éros, cf. V. Jankélévitch, *L'Ironie*, p. 122-125, et Th. Gould, *Platonic Love*, Londres, 1963, p. 57.

2. *Banquet*, 174 a.

3. Cf. les textes cités par Diogène Laërce, *Vies des philosophes*, II, 27-28.

4. Sur le genre de vie de Diogène le Cynique, cf. Diogène

P. Friedländer [1], cet Éros aux pieds nus évoque aussi l'homme primitif, tel que le décrivent le *Protagoras* (321 c 5) et la *République* (272 a 5). Nous sommes ainsi ramenés à la figure de Silène, c'est-à-dire de l'être purement naturel, de la force primitive, antérieure à la culture et à la civilisation. Il n'est pas indifférent que cette composante fasse partie du complexe portrait de Socrate-Éros. Car elle correspond bien à ce renversement des valeurs que provoque la conscience socratique. Pour celui qui prend souci de son âme, l'essentiel ne se situe pas dans les apparences, dans le costume ou le confort, mais dans la liberté.

Pourtant Diotime nous dit aussi qu'Éros a des traits de son père : "Il tend des pièges aux nobles âmes, car il est hardi, effronté, endurant. C'est un dangereux chasseur, sans cesse en train de trouver quelque ruse, désireux d'être habile [2], plein de ressource (*porimos*),

Laërce, *Vies des philosophes*, VI, 20 sq. Le texte contenant la définition de Diogène comme "Socrate furieux" (VI, 54) est mal attesté critiquement, mais le mot a sa vérité psychologique.

1. P. Friedländer, *Plato*, vol. I, p. 368, n. 6.

2. Les termes employés en grec sont volontairement

méditant sans cesse quelque stratagème, terrible sorcier, magicien et sophiste [1]." On croirait entendre le Strepsiade des *Nuées* d'Aristophane, décrivant ce qu'il espère devenir grâce à l'éducation socratique : "Hardi, beau parleur, effronté, impudent… jamais à court de paroles, un vrai renard [2]." Dans son éloge de Socrate, Alcibiade le traite d'impudent Silène [3], et déjà avant lui Agathon a gratifié, lui aussi, Socrate de cet épithète d'*hybristes* [4]. Pour Alcibiade, Socrate est un magicien [5], un beau parleur, habile à attirer l'attention des beaux garçons [6]. Quant à la robustesse d'Éros, on la retrouve dans le portrait de Socrate aux armées que trace Alcibiade : il résiste au froid, à la faim, à la peur, tout en étant capable de supporter aussi

ambigus : Éros apparaît désireux de phronesis, c'est-à-dire de sagesse, plein de ressource (porimos) et "philosophant" tout au long de sa vie.

1. *Banquet*, 203 d.

2. Aristophane, *Nuées*, 445 sq.

3. *Banquet*, 221 e.

4. *Banquet*, 175 e.

5. *Banquet*, 215 c ; *Ménon*, 80 a 3 ; *Charmide*, 155 e ; *Phédon*, 77 e.

6. *Banquet*, 218 a-b.

bien le vin que la méditation prolongée [1]. Lors de la retraite de Délion, raconte Alcibiade, Socrate marchait avec autant d'aisance que s'il avait été dans les rues d'Athènes, avec cette allure que décrit Aristophane quand il le représente "se pavanant, donnant des coups d'œil en biais, les pieds nus, malgré ce que cela peut avoir de pénible, et le front austère [2]".

Voici donc un portrait de Socrate-Éros qui n'est pas très flatteur. Évidemment nous sommes en pleine ironie platonicienne, sinon socratique. Mais cette figure n'en a pas moins une profonde signification psychologique.

Éros est un *daimon*, nous dit Diotime, c'est-à-dire un intermédiaire entre les dieux et les hommes. Mais la situation d'intermédiaire est bien inconfortable. Le démon Éros, que nous décrit Diotime, est indéfinissable et inclassable, comme Socrate, *l'atopos*. Il n'est ni dieu ni homme, ni beau ni laid, ni sage, ni insensé, ni bon, ni mauvais [3]. Mais il est désir,

1. *Banquet*, 220 a-d.

2. *Banquet*, 221 b et Aristophane, *Nuées*, 362.

3. *Banquet*, 203-204. Sur la portée philosophique de ces négations simultanées, cf. H.-J. Krämer, *Platonismus und hellenistische Philosophie*, Berlin, 1971, pp. 174-175 et 229-230.

parce que, comme Socrate, il a conscience de ne pas être beau et de ne pas être sage. C'est pourquoi il est *philosophe*, amoureux de la sagesse, c'est-à-dire désireux d'atteindre un niveau d'être qui serait celui de la perfection divine. Dans la description qu'en donne Diotime, Éros est ainsi désir de sa propre perfection, de son vrai moi. Il souffre d'être privé de la plénitude de l'être et aspire à l'atteindre. Aussi, lorsque les autres hommes aiment Socrate-Éros, lorsqu'ils aiment l'Amour, révélé par Socrate, ce qu'ils aiment en Socrate, c'est cette aspiration, c'est cet amour de Socrate pour la Beauté et la perfection de l'être. Ils trouvent donc en Socrate le chemin vers leur propre perfection.

Comme Socrate, Éros n'est qu'un appel, une possibilité qui s'ouvre, mais il n'est pas la Sagesse, ni la Beauté en soi. Il est vrai que les Silènes dont parle Alcibiade se révèlent, si on les ouvre, remplis de statues de dieux [1]. Mais les Silènes eux-mêmes ne sont pas les statues. Ils s'ouvrent seulement pour permettre de les atteindre. Poros, le père d'Éros, signifie étymologiquement "passage", "accès", "issue". Socrate n'est qu'un Silène qui s'ouvre sur

1. *Banquet*, 215 b.

quelque chose qui est au-delà de lui. Tel est le philosophe : un appel à l'existence. Socrate dit ironiquement au bel Alcibiade : "Si tu m'aimes, c'est que tu as dû apercevoir en moi une beauté extraordinaire qui ne ressemble en rien à la grâce des formes qui sont en toi. Mais examine les choses avec plus de soin de peur de te méprendre sur moi et sur mon néant réel [1]." Socrate met ainsi Alcibiade en garde ; en aimant Socrate, il n'aime qu'Éros, le fils de Pénia et de Poros et non pas Aphrodite. Mais s'il l'aime, c'est qu'il pressent que Socrate lui ouvre un chemin vers une beauté extraordinaire qui transcende toutes les beautés terrestres. Les vertus de Socrate, ces statues de dieux cachées dans le Silène ironique, ces vertus de Socrate qu'admire Alcibiade [2] ne sont qu'un reflet, un avant-goût de la Sagesse parfaite que Socrate désire et que désire Alcibiade à travers Socrate.

Nous retrouvons donc ainsi, dans l'*éros* socratique, la même structure fondamentale que dans l'ironie socratique, une conscience dédoublée

1. *Banquet*, 218 e.

2. Alcibiade énumère successivement la tempérance et la force, *Banquet*, 217-221.

qui ressent passionnément qu'elle n'est pas ce qu'elle devrait être. C'est de ce sentiment de séparation et de privation que naît l'Amour.

Ce sera toujours un des grands mérites de Platon d'avoir su, en inventant le mythe de Socrate-Éros, introduire la dimension de l'Amour, du désir et de l'irrationnel, dans la vie philosophique. Il y a tout d'abord l'expérience même du dialogue, si typiquement socratique, cette volonté de tirer au clair ensemble un problème qui passionne les deux interlocuteurs. En dehors du mouvement dialectique du *logos*, ce chemin parcouru ensemble entre Socrate et l'interlocuteur, cette volonté commune de se mettre d'accord, sont déjà de l'amour, et la philosophie réside bien plus dans cet exercice spirituel que dans la construction d'un système. La tâche du dialogue consiste même essentiellement à montrer les limites du langage, l'impossibilité pour le langage de communiquer l'expérience morale et existentielle. Mais le dialogue lui-même en tant qu'événement, en tant qu'activité spirituelle, a déjà été une expérience morale et existentielle. C'est que la philosophie socratique n'est pas élaboration solitaire d'un système, mais éveil de conscience, accession à un niveau d'être qui ne peuvent se réaliser que dans une relation de personne à personne. Éros lui aussi, comme Socrate l'ironique, n'enseigne rien, car il est ignorant : il ne rend pas plus savant, mais il rend autre. Lui aussi est maïeutique. Il aide les âmes à s'engendrer elles-mêmes.

Il y a quelque chose de très émouvant à retrouver tout au long de l'histoire le souvenir de l'Éros socratique [1] ; par exemple dans l'Alexandrie du IIIe siècle après Jésus-Christ, le chrétien Grégoire le Thaumaturge fera l'éloge de son maître Origène dans ces termes : "Telle une étincelle lancée au milieu de nos âmes voici que s'allumait et s'embrasait en nous l'amour pour le Logos et l'amour pour cet homme, ami et interprète de ce Logos, cet homme, dit-il plus loin, qui savait à la manière de Socrate nous dompter comme des chevaux sauvages par son élenctique [2]." Et comme l'a

1. Par exemple, Kierkegaard, cité par J. Wahl, *Études kierkegaardiennes*, p. 100, n. 1 (= *Discours chrétiens*, VII, OC, t. XV, p. 226) : "Quand mes lectures me faisaient rencontrer Socrate, mon cœur battait comme celui de ce jeune homme qui s'entretenait avec lui. La pensée de Socrate enthousiasmait ma jeunesse et remplissait mon âme." Voir également le mot de Goethe, cité plus bas, n. 3, p. 57.

2. Grégoire le Thaumaturge, *Remerciements à Origène*

montré E. Bertram [1], en des pages magnifiques, c'est cette tradition de l'Éros socratique, cette tradition du démonisme éducateur, que nous retrouvons chez Nietzsche. Trois formules, selon E. Bertram, expriment parfaitement cette dimension érotique de la pédagogie, celle de Nietzsche lui-même : "De l'amour seul naissent les vues les plus profondes", celle de Goethe : "On n'apprend que de qui on aime" et celle d'Hölderlin : "Avec amour le mortel donne le meilleur de soi", trois formules qui montrent que c'est dans l'amour réciproque que l'on accède à la vraie conscience [2].

Cette dimension de l'amour, du désir, mais aussi de l'irrationnel, c'est, pourrait-on dire

*(Prosphonetikos)*, VI, 83 et VII, 97, tout le chapitre VI est consacré à ce thème.

1. E. Bertram, *Nietzsche*, trad. Pitrou, p. 393 sq. P. Friedländer (*Plato*, t. I, p. 50), fait également allusion à ces pages.

2. Nietzsche, *Einleitung in das Studium der classischen Philologie*, dans *Nietzsches Werke*, Bd. XVII, Philologica, Leipzig (Kröner), 1910, p. 333 ; *Conversations de Goethe avec Eckermann*, Paris (NRF), 1988, p. 152 ; Hölderlin, *La Mort d'Empédocle*, Première version, Acte II, Scène 4. Cités par E. Bertram, *Nietzsche*, trad. Pitrou, p. 394.

en reprenant le vocabulaire de Goethe, le "démonique". Cette dimension, Platon l'avait rencontrée en Socrate lui-même. Le *daimon* de Socrate, c'était, nous le savons, cette inspiration qui s'imposait parfois à lui d'une manière tout à fait irrationnelle, comme un signe négatif lui interdisant de faire telle ou telle action. C'était en quelque sorte son "caractère" propre, son vrai moi. Cet élément irrationnel de la conscience socratique n'est probablement pas étranger d'ailleurs à l'ironie socratique. Si Socrate affirmait ne rien savoir, c'est peut-être qu'il s'en remettait, dans l'action, à son propre *daimon* et qu'il avait confiance dans le *daimon* de ses interlocuteurs. Quoiqu'il en soit, et J. Hillman a bien insisté sur ce point en 1966, c'est très probablement parce que Platon avait rencontré en Socrate un homme démonique qu'il a pu donner à Socrate la figure du grand *daimon* Éros [1].

Comment décrire cette dimension du démonique ? Notre meilleur guide en cette matière ne peut être que Goethe qui, toute sa vie, fut fasciné et inquiété par le mystère du

1. J. Hillman, "On Psychological Creativity", dans *Eranos* 35-1966, p. 380.

"démonique" ? C'est d'ailleurs probablement dans les *Sokratische Denkwürdigkeiten* de Hamann [1] qu'il avait eu sa première rencontre avec le démonique, en la personne du *daimon* de Socrate lui-même, ce Socrate qui fascinait tellement Goethe que, dans une lettre à Herder de 1772, nous lisons ce cri extraordinaire : "Être un jour et une nuit Alcibiade et puis mourir [2] !"

Le démonique de Goethe a tous les traits ambivalents et ambigus de l'Éros socratique. C'est, nous dit-il au vingtième livre de *Poésie et vérité*, une force qui n'est ni divine ni humaine, ni diabolique ni angélique, qui sépare et qui unit tous les êtres. Comme l'*Éros* du Banquet, on ne peut la définir que par des négations simultanées et opposées. Mais c'est une force qui donne à ceux qui la possèdent

1. J. G. Hamann, *Sokratische Denkwürdigkeiten*, p. 149 sq. Sur l'influence de cet ouvrage sur Goethe, cf. A. Raabe, *Das Erlebnis des Dämonischen in Goethes Denken und Schaffen*, Berlin, 1942, p. 30.

2. "Wär'ich einen Tag und eine Nacht Alzibiades und dann wollt'ich sterben." Lettre à Herder de juillet 1772. Sur ce thème cf. A. Raabe, *Das Erlebnis des Dämonischen…*, p. 26-31.

une puissance incroyable sur les êtres et les choses. Le démonique représente dans l'univers la dimension de l'irrationnel, de l'inexplicable, une sorte de magie naturelle. Cet élément irrationnel est la force motrice indispensable à toute réalisation, c'est la dynamique aveugle, mais inexorable, qu'il faut savoir utiliser, mais à laquelle on ne peut échapper. Du *daimon* de l'individu, Goethe a dit dans les *Urworte* : "Ainsi faut-il que tu soies, à toi-même tu ne peux échapper… et aucun temps et aucune puissance ne morcellent la forme signée qui en vivant se développe [1]." Chez Goethe, les êtres qui représentent le plus cet élément démonique apparaissent avec des traits de l'*Éros du Banquet*. Comme l'a bien montré A. Raabe, cela est vrai tout spécialement de Mignon [2]. Comme Éros, Mignon est indigente

1. "So musst du sein, dir kannst du nicht entfliehen… und keine Zeit und keine Macht zerstückelt Geprägte Form die lebend sich entwickelt." [trad. Ch. du Bos, dans Ch. du Bos, *Goethe*, Paris, 1949, p. 38 (voir également p. 28 sq.)].

2. A. Raabe, *Das Erlebnis des Dämonischen…*, p. 142. L'aspiration de Mignon, cf. Goethe, *Wilhelm Meisters Lehrjahre*, VIII, 2 : "So lasst mich scheinen, bis ich werde /

et aspire à la pureté et à la beauté. Ses vêtements sont pauvres et grossiers, tandis que ses dons musicaux révèlent sa richesse intérieure. Comme Éros, elle couche sur la terre nue ou sur le seuil de la maison de Wilhelm Meister. Et comme Éros, elle est la projection, l'incarnation de la

Zieht mir das weisse Kleid nicht aus / Ich eile von der schönen Erde / Hinab in jenes feste Haus / Dort ruh'ich, eine kleine Stille / Dann öffnet sich der frische Blick / Ich lasse dann die reine Hülle / Den Gürtel und den Kranz zurück / Und jene himmlischen Gestalten / Sie fragen nicht nach Mann und Weib / Und keine Kleider, keine Falten / Umgeben den verklärten Leib." Cf. M. Delcourt, "Utrumque-Neutrum", dans *Mélanges* H.-Ch. Puech, Paris, 1974, p. 122 : "Enfant volée, malheureuse, habillée en garçon et haïssant son sexe, Mignon apparaît comme un *zwitterhaftes Wesen*. Réconciliée enfin avec elle-même, elle joue dans une fête d'enfants le rôle d'un ange et chante un lied où elle annonce sa mort prochaine : *Ich eile von der schönen Erde*... 'Je quitte en hâte la belle Terre – pour cette solide demeure – et les formes célestes qui l'habitent – ne demandant pas si l'on est homme ou femme – et nul vêtement, nul voile – n'entoure le corps transfiguré.' " Sur la figure de Mignon, cf. W. Emrich, *Die Symbolik von Faust* II, Francfort sur le Main, 1957, p. 172 et la bibliographie citée dans les notes, p. 459.

nostalgie que Wilhelm éprouve pour une vie supérieure. L'Ottilie des *Affinités électives* est elle aussi un être démonique. Elle est présentée comme une force naturelle, puissante, étrange, fascinatrice. Sa relation profonde avec Éros est plus discrètement indiquée que dans le cas de Mignon, mais elle est tout aussi réelle. Il faudrait aussi évoquer la figure hermaphrodite d'Homonculus, que le second acte du Second Faust met si clairement en rapport avec Éros [1].

Élément ambigu, ambivalent, indécis, le démonique n'est ni bon, ni mauvais. Seule la décision morale de l'homme lui donnera sa valeur définitive. Mais cet élément, irrationnel et inexplicable, est inséparable de l'existence. On ne peut éluder la rencontre avec le démonique, le jeu dangereux avec Éros.

1. Sur la figure d'Ottilie et le démonique, cf. W. Emrich, *Die Symbolik...*, p. 214 (en relation avec la notion d'"Ungeheures"). Sur l'hermaphroditisme, cf. W. Emrich, *Die Symbolik...*, p. 171-176.

## III. DIONYSOS

Il nous faut maintenant revenir à cette étrange haine amoureuse de Nietzsche pour Socrate. Il est vrai que sur ce point E. Bertram [1] a dit l'essentiel, mais peut-être peut-on mieux comprendre l'attitude complexe de Nietzsche en considérant certains éléments moins remarqués de la figure de Socrate dans le *Banquet*.

Nietzsche connaissait bien l'étrange séduction exercée par Socrate "ce charmeur de rats, disait-il, cet Athénien malicieux et amoureux qui faisait trembler et sangloter les jeunes gens les plus pleins d'eux-mêmes [2]". Il cherchait à démontrer le mécanisme de cette séduction : "J'ai donné à entendre en quoi Socrate pouvait paraître repoussant ; il n'en est que plus nécessaire d'expliquer qu'il ait pu fasciner [3]."

1. E. Bertram, *Nietzsche*, chap. 20 sur Socrate. Sans pouvoir entrer dans une longue discussion, il me semble que la position de Bertram sur les rapports de Nietzsche avec Socrate n'a pas été dépassée par les travaux plus récents sur ce thème.

2. Nietzsche, *Le Gai Savoir*, § 340, trad. NRF, t. V, p. 231.

3. Nietzsche, *Le Crépuscule des idoles. Le Problème de Socrate*, § 8 (trad. NRF, t. VIII, p. 72).

Il propose ainsi plusieurs explications. Socrate avec sa dialectique a flatté le goût de la lutte chez les Grecs, il a été érotique, il a compris le rôle historique qu'il pouvait jouer en apportant le remède de la rationalité dans la décadence des instincts. À vrai dire, toutes ces explications n'ont rien de fascinant. Mais Nietzsche en propose une plus profonde. La séduction exercée par Socrate sur toute la postérité proviendrait de son attitude devant la mort, plus spécialement encore, du caractère quasi volontaire de sa mort. Dès son premier ouvrage : *La Naissance de la tragédie*, Nietzsche réunit en une image grandiose les dernières pages du *Phédon* et du *Banquet* [1] : "C'est Socrate lui-même qui, en toute lucidité, sans le frisson naturel qui saisit l'homme devant la mort semble avoir obtenu d'être condamné à mort et non à l'exil : il y est allé avec le calme que lui prête la description de Platon lorsque, dernier de tous les convives, il quitte le banquet aux toutes premières lueurs de l'aube, pour commencer une nouvelle journée, cependant que, derrière lui, sur les bancs et

1. Nietzsche, *La Naissance de la tragédie*, § 13, trad. G. Bianquis, p. 93.

sur le sol, les convives ensommeillés restent en arrière à rêver de Socrate, le véritable Érotique. Socrate mourant devint l'idéal nouveau, jamais rencontré auparavant de l'élite de la jeunesse."

Nietzsche a pressenti et entrevu dans la fin du *Banquet* de Platon un symbole de la mort de Socrate. Certes, les mots de Platon sont très simples [1] : "Seuls Agathon, Aristophane et Socrate continuaient à rester éveillés et à boire dans une grande coupe qu'ils se passaient de gauche à droite. Socrate s'entretenait donc avec eux... il les contraignait progressivement à reconnaître qu'il appartient au même homme d'être capable de composer comédie et tragédie... Ce fut Aristophane qui s'endormit le premier, puis Agathon, alors qu'il faisait jour déjà. Socrate... se leva et partit. Il prit le chemin du Lycée et après quelques ablutions il passa ainsi qu'il l'aurait fait une autre fois le reste de la journée [2]."

1. Sur ce texte, et également sur le discours d'Alcibiade dans le *Banquet*, enfin d'une manière plus générale, sur les dialogues de Platon, voir l'admirable livre *Platone come scrittore filosofico. Saggi sull'ermeneutica dei dialoghi platonici*, Naples (Istituto Italiano per gli Studi Filosofici, Lezioni della Scuola di Studi Superiori in Napoli 2), 1984.

2. *Banquet*, 223 c.

De cette sobre page, les poètes ressentent le symbolisme ambigu. C'est la figure de Socrate mourant que C. F. Meyer entrevoit dans cette aube où seul le philosophe reste éveillé :

Alors que ses amis buvaient avec Socrate
Et que les têtes déjà s'inclinaient sur les coussins
Entra un jeune homme, je puis m'en souvenir
Accompagné de deux frêles joueuses de flûte
Des calices nous vidons les dernières gouttes
Fatiguées du dialogue, les lèvres se taisent
Autour des couronnes fanées erre un chant...
Silence ! Les flûtes font retentir la berceuse de la mort ! [1]

C'est au contraire la figure de Socrate amoureux de la vie qui apparaît ici aux yeux d'Hölderlin [2] :

1. C. F. Meyer, *Gedichte*, IV, *Reise, Das Ende des Festes*. "Da mit Sokrates die Freunde tranken, / Und die Häupter auf die Polster sanken, / Kam ein Jüngling, kann ich mich entsinnen, / Mit zwei schlanken Flötenbläserinnen / Aus den Kelchen schütten wir die Neigen, / Die gespräches-müden Lippen schweigen, / Um die welken Kränze zieht ein Singen... / Still ! Des Todes Schlummerflöten klingen !" (trad. de l'auteur).

2. F. Hölderlin, *Der Rhein*. "Nur hat ein jeder sein Mass / Denn schwer ist zu tragen / Das Unglück, aber schwerer

Mais à chacun sa mesure
Lourd est le poids du malheur
Plus lourd encore le bonheur
Il y eut un sage cependant
Qui sut demeurer lucide au banquet
De midi jusqu'au cœur de la nuit
Et jusqu'aux premières lueurs de l'aube.

Et telle est bien l'énigme que Socrate pose à Nietzsche. Pourquoi Socrate, amoureux de la vie, paraît-il, dans sa volonté de mort, haïr l'existence ?

Car Nietzsche connaît et aime le Socrate amoureux de la vie : "Si tout va bien, écrit-il dans *Le Voyageur et son ombre* [1], le temps viendra où l'on préférera, pour se perfectionner en morale et en raison, recourir aux *Mémorables* de Socrate ("le livre le plus attirant de la littérature grecque", disent les inédits de juillet 1879)

das Glück / Ein Weiser aber vermocht es / Vom Mittag bis in die Mitternacht / Und bis der Morgen erglänzte / Beim Gastmahl helle zu bleiben." (trad. G. Bianquis, Paris, Aubier, 1943, p. 391-393).

1. Nietzsche, *Humain, trop humain. Le Voyageur et son ombre*, § 86 (trad. NRF, t. III, 2, p. 200). Cf. FP, juillet 1879, 41 [2], trad. NRF, t. III, 2, p. 397.

plutôt qu'à la Bible et où l'on se servira de Montaigne et d'Horace comme de guides sur la voie qui mène à la compréhension du sage et du médiateur le plus simple et le plus impérissable de tous, Socrate. C'est à lui que ramènent les chemins des modes de vie philosophique les plus divers... Sur le fondateur du christianisme, l'avantage de Socrate est le sourire qui nuance sa gravité et cette sagesse pleine d'espièglerie qui fait à l'homme le meilleur état d'âme." Cette sagesse pleine d'espièglerie, c'est celle de Socrate dansant qui apparaît dans le *Banquet* de Xénophon [1], c'est celle de ce Socrate plaisantant et ironique que mettent en scène les *Dialogues* de Platon, c'est ce philosophe amoureux de la vie dont parle Hölderlin dans son poème *Socrate et Alcibiade* [2] :

1. Xénophon, *Banquet*, II, 16.

2. "Warum huldigest du, heiliger Sokrates, / Diesem Jünglinge stets ? Kennest du Grösseres nicht ? / Warum siehet mit Liebe / Wie auf Götter, dein Aug'auf ihn ? / Wer das Tiefste gedacht, liebt das Lebendigste / Hohe Jugend versteht, wer in die Welt geblickt / Und es neigen die Weisen / Oft am Ende zu Schönem sich" (trad. G. Bianquis, p. 152, légèrement modifiée, notamment dans la lecture du vers 6 ; en effet le texte original de Hölderlin porte *Hohe Jugend*).

Pourquoi, divin Socrate, rendre de tels hommages
à ce jeune homme ? Ne connais-tu rien de plus grand ?
Pourquoi le contemples-tu avec amour
comme on contemple les dieux ?
– La pensée la plus profonde aime la vie la plus vivante
C'est après avoir percé le monde de ses regards que
l'on peut comprendre la noble jeunesse
Et les sages, bien souvent, finissent par s'attacher à la
Beauté.

Dans *Schopenhauer comme éducateur* [1], cette figure du Socrate amoureux du plus vivant viendra recouvrir celle de Schopenhauer. Parlant de la gaieté du sage, c'est aux vers

1. Nietzsche, *Considérations inactuelles. Schopenhauer comme éducateur*, § 2. "Während dem Menschen nichts Fröhlicheres und Besseres zu Theil werden kann, als einem jener Siegreichen nahe zu sein, die, weil sie das Tiefste gedacht, gerade das Lebendigste lieben müssen und als Weise am Ende sich zum Schönen neigen... Sie bewegen sich und leben wirklich... Weshalb es uns in ihrer Nähe wirklich einmal menschlich und natürlich zu Muthe ist und wir wie Goethe ausrufen möchten : 'Was ist doch ein Lebendiges für ein herrliches köstliches Ding ! wie abgemessen zu seinem Zustande, wie wahr, wie seiend !' " (trad. G. Bianquis, Paris, Aubier, 1966, p. 37).

d'Hölderlin qu'il recourt pour en faire la description dans ces lignes extraordinaires : "Rien de plus joyeux ni de meilleur ne peut être accordé à l'homme que d'approcher de l'un de ces victorieux qui pour s'être adonnés *aux pensées les plus profondes n'en aiment* que *mieux la réalité la plus vivante et qui vers la fin de leur vie sont assez sages pour s'intéresser surtout au beau...* Ils se meuvent et vivent vraiment... c'est pourquoi nous retrouvons enfin à leur contact une impression d'humanité et de naturel, et nous voudrions nous exclamer avec Goethe : 'Quelle chose magnifique et délicieuse qu'un être vivant ! Qu'il est bien adapté à sa condition, qu'il est vrai, qu'il est existant !' "

Un *Socrate musicien* ! Nietzsche avait cru en pressentir la venue dans *La Naissance de la tragédie*. Répondant à l'appel des divinités qui, dans ses rêves, avaient invité le philosophe à se consacrer à la musique, cette figure de Socrate musicien réconcilierait la lucidité ironique de la conscience rationnelle et l'enthousiasme démonique. Ce serait vraiment "l'homme tragique", disent les Inédits [1].

1. Nietzsche, *La Naissance de la tragédie*, § 15. Le rêve de Socrate à qui les dieux ordonnent en rêve de se consacrer

Dans ce Socrate musicien, Nietzsche projette son propre rêve, sa nostalgie d'une réconciliation entre Apollon et Dyonisos.

Et dans *Socrate mourant*, Nietzsche voit encore se refléter son propre drame. Socrate a voulu mourir et en mourant il a prononcé cette parole énigmatique : "Ô Criton, je dois un coq à Asclépios", comme si, guéri de quelque maladie, il était redevable de quelque chose au dieu de la santé [1]. "Dernière parole grotesque et terrible, s'écrie Nietzsche, qui signifie pour quiconque a des oreilles : Ô Criton, l'existence est une maladie ! Est-ce possible ! Un homme de sa trempe… un tel homme était pessimiste ! Il s'était contenté seulement de faire bon visage à la vie et pendant toute cette vie, il avait dissimulé son dernier verdict, son sentiment le plus profond ! Socrate, Socrate a souffert de la vie ! Et, à la fin, il s'est vengé d'elle par ce mot voilé, effrayant, ce pieux blasphème. Je voudrais qu'il fût resté silencieux jusqu'aux derniers moments de sa

à la musique est raconté dans le *Phédon*, 60-61. "Der tragische Mensch als der musiktreibende Sokrates", FP, hiver 1870-1871/automne 1872, 8 [13], trad. NRF, t. 1, p. 327.

1. *Phédon*, 118 a.

vie – peut-être alors se classerait-il dans un rang supérieur d'esprits [1] ?"

Comme l'a admirablement montré E. Bertram, ici Nietzsche laisse deviner son secret, son propre doute intime, le drame de son existence. Lui, Nietzsche, qui a voulu être le chantre de la joie d'exister et de vivre, ne soupçonne-t-il pas, ne craint-il pas, lui aussi, finalement que l'existence ne soit qu'une maladie. Socrate a trahi ce secret. Il laisse entendre ce qu'il pense de la vie terrestre. Mais Nietzsche veut appartenir à "une classe supérieure d'esprits", ceux qui savent taire ce secret effrayant. "Son dithyrambe enflammé, dionysiaque, sur la vie et rien que la vie, écrit E. Bertram, n'était-il que la forme de silence sous laquelle un grand Éducateur de la vie ne croyait pas à la vie [2] ?" Dans un dernier renversement, *Le Crépuscule des idoles* fournit une nouvelle interprétation de la dernière parole de Socrate. La maladie dont Socrate va être guéri, ce n'est plus la vie tout court, mais le genre de vie que menait Socrate : "Socrate

1. Nietzsche, *Le Gai Savoir*, § 340, trad. NRF, t.V, p. 231, cité par E. Bertram, *Nietzsche*, trad. Pitrou, p. 407.

2. E. Bertram, Nietzsche, trad. Pitrou, p. 408.

n'est pas un médecin, s'est-il murmuré à lui-même. La mort seule est un médecin. Socrate, lui, n'a fait qu'être longtemps malade [1]."
Cette fois, ce serait la lucidité socratique, la morale socratique, qui serait la maladie qui ronge la vie. Mais ici encore, cette maladie de Socrate, ne serait-ce pas la maladie de Nietzsche lui-même, sa lucidité qui dissout les mythes, sa conscience impitoyable. La haine amoureuse de Nietzsche à l'égard de Socrate est bien identique à la haine amoureuse que Nietzsche éprouve à l'égard de lui-même. Et l'ambiguïté de la figure de Socrate, chez Nietzsche, n'est-elle pas fondée finalement sur l'ambiguïté de la figure centrale de la mythologie nietzschéenne, celle de Dionysos le dieu de la mort et de la vie ?

D'une manière finalement assez mystérieuse pour nous, Platon, dans le *Banquet*, a placé toute une constellation de symboles dionysiaques autour de la figure de Socrate [2]. On pourrait même appeler le dialogue tout entier *Le Jugement*

1. Nietzsche, *Le Crépuscule des idoles. Le Problème de Socrate*, § 12 (trad. NRF, t. VIII, p. 74).

2. Sur ce thème, cf. Helen H. Bacon, "Socrates Crowned", dans *The Virginia Quarterly Review*, t. 35, 1959, p. 415-430.

*de Dionysos*, puisqu'Agathon déclare à Socrate que, pour ce qui est de savoir si c'est lui ou Socrate qui possède le plus de sagesse, ils s'en remettront au jugement de Dionysos, c'est-à-dire que c'est celui qui boira le plus et le mieux qui gagnera cette compétition de *sophia*, de sagesse et de savoir, placée sous le signe du dieu du vin [1]. Plus tard, Alcibiade, faisant irruption dans la salle du banquet, apparaît couronné de violettes et de feuilles de lierre comme Dionysos [2]. À peine entré, Alcibiade place autour de la tête de Socrate une couronne de bandelettes comme il est d'usage de le faire pour le vainqueur d'un concours de poésie [3]. Or Dionysos est le dieu de la tragédie et de la comédie. Faisant l'éloge de Socrate, Alcibiade compose lui-même ce que Socrate appelle ensuite "un drame de Satyres et de Silènes [4]", puisque c'est à ces êtres qu'il a comparé Socrate. Or Satyres et Silènes forment le cortège de Dionysos, et le drame satyrique avait originellement pour centre la passion de

1. *Banquet*, 175 e.
2. *Banquet*, 212 e. Cf. Th. Gould, *Platonic Love*, p. 40.
3. OC, 213 e.
4. OC, 222 d.

Dionysos. Dans la scène finale, Socrate reste seul avec Agathon, le poète tragique et Aristophane, le poète comique et les contraint progressivement à admettre que c'est au même homme qu'il appartient d'être poète tragique et poète comique [1]. Or Agathon avait dit dans son éloge d'Éros que l'Amour est le plus grand des poètes [2]. Ainsi Socrate qui excelle dans le domaine d'Éros excelle aussi dans celui de Dionysos. D'ailleurs il est incomparable pour supporter le vin [3] et il gagne la compétition de sagesse, grâce au "jugement de Dionysos", puisqu'il reste seul éveillé à la fin du banquet [4]. Faut-il aussi reconnaître un trait dionysiaque dans les longues extases, les ravissements que, par deux fois, mentionne le dialogue [5] ?

Il y a donc dans le *Banquet* de Platon, d'une manière qui semble consciente et voulue, tout un ensemble d'allusions au caractère dionysiaque de la figure de Socrate qui culmine dans la scène finale du dialogue, dans laquelle

1. OC, 223 d.
2. OC, 196 e.
3. *Banquet*, 176 c ; 220 a ; 223 d.
4. OC, 223 d.
5. OC, 174 d et 220 c.

Socrate, le meilleur poète et le meilleur buveur, triomphe dans le jugement de Dionysos.

Il n'est donc pas étonnant que, paradoxalement, secrètement, inconsciemment peut-être, la figure de Socrate vienne coïncider finalement, chez Nietzsche, avec la figure de Dionysos. À la fin de *Par-delà bien et mal*, Nietzsche dédie à Dionysos un extraordinaire éloge du "Génie du Cœur [1]" et, dans l'*Ecce Homo* [2], il répète ce texte, pour illustrer sa maîtrise psychologique, tout en refusant cette fois de dire à qui il s'adresse. Dans cet hymne résonne en quelque sorte un écho du *Veni Sancte Spiritus*, du viel éloge médiéval de cet Esprit-Saint, dont, aux yeux de Hamann [3], le démon de Socrate était une figure : "Flecte quod est rigidum, fove quod est frigidum, rege quod est devium." Le Génie du Cœur a la merveilleuse délicatesse d'assouplir, de réchauffer, de redresser. Dans ce portrait du directeur d'âmes au pouvoir démonique, Nietzsche

1. Nietzsche, *Par-delà bien et mal*, § 295, trad. G. Bianquis (coll. 10-18), p. 238, et cf. trad. NRF, t. VII, p. 206.

2. Nietzsche, *Ecce Homo*, *Pourquoi j'écris de si bons livres*, § 6, trad. NRF, t. VIII, p. 284.

3. J. G. Hamann, *Sokratische Denkwürdigkeiten*, p. 149 sq.

voulait décrire l'action de Dionysos. Mais comme l'a soupçonné E. Bertram [1], ne pensait-il pas aussi, consciemment ou inconsciemment à Socrate, lorsqu'il prononçait cet éloge qui nous donnera notre conclusion, puisqu'il réunit admirablement tous les thèmes de notre exposé : "Le Génie du Cœur, tel que le possède ce grand Mystérieux, ce dieu tentateur, né pour être le charmeur de rats des consciences [2], dont la voix sait descendre jusqu'au monde souterrain de chaque âme... qui ne dit pas un mot, ne jette pas un regard où ne se cache une intention secrète de séduire... le Génie du Cœur, qui impose silence aux braillards et aux fats et leur enseigne à écouter, qui polit les âmes rugueuses et leur fait goûter un désir nouveau, celui de demeurer lisses et immobiles comme un miroir pour refléter le ciel profond... Après son attouchement, chacun repart enrichi, non d'un présent reçu par grâce ou par surprise, ni d'une félicité étrangère dont il se sentirait oppressé, mais plus riche de soi-même, renouvelé à ses propres yeux... caressé et mis à nu par le souffle

1. E. Bertram, *Nietzsche*, trad. Pitrou, p. 413.
2. Cf. le texte cité plus haut n. 2 p. 64.

tiède du dégel, peut-être aussi plus incertain, plus vulnérable, plus fragile, plus brisé, plein d'espérances qui n'ont pas encore de nom [1]."

1. La traduction est empruntée en partie à Geneviève Bianquis, en partie à Robert Pitrou.

图书在版编目（CIP）数据

苏格拉底赞歌 / (法) 皮埃尔·阿多著 ; 曹丹红译
. -- 北京 : 西苑出版社, 2022.9
ISBN 978-7-5151-0837-7

Ⅰ. ①苏… Ⅱ. ①皮… ②曹… Ⅲ. ①西方哲学—研究 Ⅳ. ①B5

中国版本图书馆CIP数据核字(2022)第153407号



苏格拉底赞歌
SUGELADI ZANGE

策划编辑 赵 晖
责任编辑 苏泓睿 汪昊宇
装帧设计 黄 尧
责任印制 陈爱华
出版发行 西苑出版社 XIYUAN PUBLISHING HOUSE
地 址 北京市朝阳区和平街11区37号楼 邮政编码：100013
电 话 010-88636419
印 刷 北京盛通印刷股份有限公司
开 本 710mm×500mm 1/32
字 数 76千字
印 张 6
版 次 2022年9月第1版
印 次 2022年9月第1次印刷
书 号 ISBN 978-7-5151-0837-7
定 价 42.00元